10대를 위한
머니 레슨

10대를 위한 머니 레슨

학교에서도 집에서도
가르쳐 주지 않는 '찐' 돈 공부

샘 베크베신저 지음 | 오수원 옮김

현대
지성

엄마, 아빠
제게 인생에서 진정으로 중요한 것이 무엇인지
가르쳐 주셔서 감사해요

추천사

✦

우리가 살아가는 데 꼭 필요한 것은 여러 가지가 있습니다. 나의 힘이 되는 가족, 나의 꿈, 함께 우정을 나눌 친구, 몰입할 수 있는 취미… 무수히 많은 것이 필요하죠. 행복을 위해 필요한 여러 가지 것 중에는 '돈'이라는 녀석도 있습니다. 돈이 인생의 전부는 아니지만 돈 때문에 인생에 많은 어려움이 생깁니다. 이런 어려움을 이겨내기 위해서는 돈에 대해 잘 알고 있어야 합니다. 상대를 알고 나를 알면 백전백승이라고 했던가요? 돈에게 이리저리 끌려다니는 것이 아닌, 내가 돈을 다루며 살 수 있는 능력! 여러분이 가질 미래의 꿈과 행복을 위해 꼭 필요한 능력입니다. 여러분에게 돈을 다루는 능력을 길러 줄 머니 레슨에 초대합니다.

옥효진 선생님, 『세금 내는 아이들』 저자

성인 대상의 금융 서적은 경제학이 가정하는 호모 에코노미쿠스의 관점을 당연시합니다. 호모 에코노미쿠스는 언제 어디서나 경제적 이익에만 관심이 있고 오로지 자기밖에 모르는 존재입니다. 다시 말해, 그 책들은 더 많은 돈 자체를 목적으로 삼습니다.

다행하게도 오늘날 금융 자본주의에 세뇌된 어른들조차 그와 같은 세계관을 자신의 아이들에게 그대로 주입하는 것을 꺼립니다. 돈만으로 설명할 수 없고 오히려 돈으로 해결되어서는 안 되는 영역이 우리 삶에 크게 존재한다는 사실을 인식하고 있기 때문입니다. 정상적인 부모라면 자신의 아이들이 그저 돈의 노예로 자라기를 바라지는 않을 겁니다.

이 책은 아이들에게 돈의 진정한 역할을 알려 줍니다. 돈 버는 방법을 이야기하지만 그걸 인생에서 이루고 싶은 꿈과 연결 하고, 어느 선을 넘어서면 더 많은 돈이 행복감을 늘려 주지 않는다고 이야기합니다. 돈은 수단이자 하인일 뿐 목표나 주인이 될 수 없습니다. 아이들이 자기 인생의 진정한 주인공이 되도록 든든한 초석을 다져 줄 이 책을 대한민국의 모든 청소년에게 추천합니다.

권오상 대표님, 『열두 살 경제학교』 저자

차례

첫 번째 수업

돈이란 무엇일까?

두 번째 수업

돈은 어떻게 벌까?

세 번째 수업

돈은 어떻게 관리할까?

✓ 보충 수업 돈은 선을 위한 힘이다

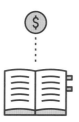

짚고 넘어갈 이야기

    좋아요, 친구들. 이 책을 쓴 저와 아무 죄 없는 출판사가 비난받는 일이 없도록 먼저 몇 가지 짚고 넘어갔으면 해요.

    돈과 관련된 세계는 변화하고 있어요. 부동산이나 주식이 지금처럼 미래에도 똑같을 거라는 보장은 전혀 없어요. 세상은 끊임없이 변화하고 있으니까요. 그래서 여러분이 나중에 이 책을 읽는다면 일부 내용이 현실과 맞지 않을 수도 있어요. 그뿐만이 아니에요. 전 세계 경제는 장차 언제 무너진다고 해

도 이상할 게 없어요. 게다가 바다 수위가 상승하는 바람에 인류 전체가 깡통에 든 음식을 먹고, 마실 물을 걱정해야 하는 세상에서 살게 될 수도 있어요. 혹여 그런 일이 벌어진다면 여러분이 어디에 투자해야 할지 저로서는 알 도리가 없지요.

　하지만 여러분이 배우게 될 돈과 관련된 원리들, 즉 돈 버는 법, 저축, 투자 등은 아마 대부분의 상황에서 크게 다르지는 않을 거예요.

알아 두면 좋은 경제 용어

✳ **자산** 소득을 벌어 주거나 시간이 지나면서 가치가 늘
어나는 소유물을 말해요.

✳ **빚(=부채)** 다른 사람에게 갚아야 하는 돈을 가리켜요.

✳ **재무 상태표** 자산과 부채를 모두 적는 보고서예요.

✳ **현금 흐름** 우리 삶으로 들어왔다 나가는 돈의 총액을
말해요. 사람들은 보통 나가는 돈보다는 들어오는 돈
이 많기를 바라죠.

✳ **복리** 이자가 이자를 벌어 줄 때 복리라고 해요. 시간이
지나면서 돈이 미친 듯이 불어날 수 있다는 뜻이죠.

✳ **배당금** 기업이 이윤을 내면 해당 기업의 주식을 산 사
람들에게 이익의 일부를 줘요. 이때 주는 이익을 배당
금이라고 해요.

✳ **경제 성장** 어떤 나라가 더 부자가 되었을 때 경제가 성
  장했다고 하죠.

✳ **상장 지수 펀드(ETF)** 주식 시장을 통해 살 수 있는 주식
  꾸러미를 말해요.

✳ **소득** 직업을 갖고 일하거나 돈을 벌어다 주는 것을 소
  유함으로써(예를 들면, 건물주) 버는 돈이에요. 영어로
  소득을 'income'이라 부르는 이유는 '들어오는incoming'
  돈이기 때문이죠. 일해서 버는 소득은 '적극 소득' 또는
  '활동 소득'이라고 하고, 소유를 통해 버는 돈은 '수동
  소득' 또는 '불로 소득'이라고 해요.

✳ **인덱스(트래커)** 펀드 증권 거래소에서 한 방에 다량의
  주식을 사는 쉬운 방법이에요.

✳ **인플레이션** 물가가 상승하는 현상을 말해요. 여러분이
  가진 돈의 가치는 매년 감소해요. 상품과 서비스 비용
  이 올라가기 때문이죠.

✳ **상속** 사람이 죽으면 자신의 돈과 자산을 다른 이들에
  게 남기기로 결정해요. 그걸 상속이라 하고, 그렇게 받

은 재산이나 돈을 유산이라고 해요.

* **이자** 누군가에게서 돈을 빌리고 지불하는 비용을 뜻해요. 돈을 빌려주거나 은행의 예금 계좌에 돈을 넣어 두기만 해도 이자를 벌 수 있답니다.

* **투자** 자산을 사서 돈이 돈을 벌도록 만드는 일이에요.

* **마케팅** 기업이 사람들에게 자사의 상품이나 서비스를 사게 하려고 사용하는 모든 기법과 기술을 의미해요. 대표적으로 광고가 있죠.

* **순 자산** 자산 전체의 가치에서 부채를 뺀 액수를 순 자산이라고 해요.

* **인상** 봉급을 올리는 것을 말해요. 몇몇 사람들은 인플레이션 비율에 맞춰 봉급을 인상해요. 좋은 평가를 받거나 승진을 한 직원 역시 봉급을 인상해요.

* **퇴직** 대개 65세가 되어 일을 그만두는 것을 말해요. 어떤 사람들은 충분히 돈을 벌어 먹고살 수 있을 때 '조기 퇴직'을 하기도 해요.

✳ **인세, 저작권 사용료** 여러분이 가진 것을 사용하고 싶은 사람들이 여러분에게 내는 돈이에요. 가령 여러분이 작곡한 노래를 누군가가 광고에 쓰고 싶어 한다면 여러분에게 사용료를 지불해야 하죠.

✳ **봉급** 일을 하고 받는 돈이에요. 대개 월마다 받아서 월급이라고도 해요. 주마다 돈을 받으면 주급이라고 한답니다.

✳ **주식** 대중이 사거나 팔 수 있는 대기업 자본(돈)의 일부랍니다.

✳ **투기** 특정 자산이나 상품의 가치가 올라가거나 내려가는 것을 예상하고 거래하는 행위를 말해요. 오로지 돈을 벌 목적으로요.

✳ **증권 거래소** 사람들이 주식을 사고파는 현실의 시장 또는 가상의 시장을 말해요.

✳ **신탁** 자산을 관리하는 회사 같은 곳이에요. 대개는 큰 부자들을 위한 회사죠.

수업을 시작하기에 앞서

여러분의 꿈은 소중해요

이 책은 '자유'에 관한 책이에요. 네, 맞아요. 물론 제가 돈을 다루는 책이라고 말했다는 걸 알아요. 사실 제가 여러분에게 정말 말하고 싶은 주제는 말이죠, 세상이 여러분에게 강요하는 삶이 아니라 여러분이 실제로 원하는 삶을 살아가는 방법에 관한 이야기예요.

장담컨대 여러분은 인생의 원대한 꿈을 가지고 있을 거예요. 예를 들면, 아래에 있는 목록처럼요.

• 지구상에서 가장 멋진 자연의 장소를 찾아 스케이트보드,

스노보드, 서핑을 하러 여행을 떠나는 것
- 오랫동안 길이 남을 예술 작품(미술, 음악, 영화 등등)을 만드는 것
- 인간과 동물, 지구의 미래를 위해 활동가가 되는 것
- 부모님께 집을 사 드려 효도하는 것
- 스포츠계의 스타가 되거나 뛰어난 운동선수가 되는 것
- 전 세계를 함께 모험할 친구들을 아주 많이 사귀는 것
- 유명한 인플루언서가 되어 팬 미팅을 여는 것
- 대가족을 이루어 가족들과 많은 시간을 같이 보내는 것
- 발명왕 에디슨처럼 세상의 골칫거리를 해결할 물건을 발명하거나 회사를 세우는 것
- 최고의 셰프가 되어 창의적이고 맛난 요리로 세상을 깜짝 놀라게 하는 것
- 흥미가 있는 온갖 종류의 주제를 마음껏 공부하는 것
- 스트레스나 걱정거리 없이 자연을 벗 삼아 소박하게 사는 것

자, 이제 질문 하나만 던져 볼게요. 여러분 주위에 어릴 적 가졌던 꿈을 이룬 어른이 몇 명이나 되는 것 같나요? 오히려 현재 자신의 직업을 싫어하는 것 같지는 않던가요? 왜 그런 일

이 일어나는지 생각해 본 적 있나요? 왜 그토록 큰 꿈에 부풀었던 수많은 아이들이 덫에 걸린 인생을 산다고 느끼는 어른이 되어 버리는 걸까요?

현실은 이렇답니다. 무엇이든지 하고 싶은 일을 하려면 돈이 필요하다는 것이지요. 여러분이 사랑하는 사람을 뒷받침하려면 돈이 들어요. 여러분의 목표를 위해 능력을 갖추게 될 때까지 충분한 시간을 가지려 해도 돈이 들지요. 사업을 시작하거나 모험을 떠나거나 아이폰을 가지고 싶어도 돈이 필요하고요. 인간 생활의 세 가지 기본 요소인 의식주를 마련하는 데도 역시 돈이 들어요!

자신의 돈을 어떻게 지배하고 관리할지 방법을 알지 못한다면, 결국 성인이 되어서도 평생을 돈을 버는 데만 애쓸 뿐 자신의 삶을 즐기지는 못할 거예요. 돈을 지배하는 게 아니라 돈의 지배를 받게 되는 것이지요.

이제 막 꿈을 꾸기 시작했는데, 모든 게 자신 없고 불확실하다는 느낌을 받은 적이 있나요? 여러분의 꿈은 그야말로 원대하고 근사해요. 열기구를 탄 자신의 모습을 상상해 보세요. 뜨거운 공기를 가득 넣은 열기구가 공원 위로 높이 날아올라 저 멀리 지는 태양을 향해 둥둥 떠가고 있어요. 그러나 현실을 자각하고 이 모든 일을 어떻게 실현할 것인지 생각하기 시작하는 순간, 갑자기 땅으로 쿵 하고 떨어지지요.

이 책은 열기구에 가스를 끊임없이 채워 넣는 법을 다루고 있어요. 뜨거운 가스를 넣은 기구가 계속해서 위로 떠오를 수 있도록요.

돈의 생태계를 잘 알면 알수록 여러분은 돈을 삶의 유익한 도구로 사용할 수 있어요. 스스로 돈을 지배하고 통제하지 못한다면 여러분의 삶으로 들어오는 돈이란 돈은 모조리 떠나버릴 거예요. 어떻게 한 푼이라도 더 벌 수 있을지 매일매일 많은 시간을 들여 생각해야 한다는 뜻이죠. 흥미롭게도 돈 생각에 얽매이지 않는 최고의 방법은 돈을 아주 잘 이해하는 거예요. 돈을 이해한다는 것은 돈 때문에 스트레스를 받을 필요가 없다는 것, 따라서 더 재미있는 다른 것을 생각할 수 있다는 뜻이랍니다(예를 들면, 이런 건 어떨까요? 여러분이 시간 여행을 하는 법을 알아내서 200년 전으로 돌아간다고 상상해 봐요. 여러분이 미래에서 왔다는 것을 어떻게 설득할 수 있을까요?).

어찌 되었든 이 책은 온전히 여러분을 위한 책이에요. 설사 여러분이 부자가 되는 일에 별로 관심이 없다 하더라도 상관 없어요. 이 책은 돈을 많이 버는 직업을 가지는 방법이 아니라 여러분이 원하는 삶에 가까워질 수 있도록 도와줄 방법을 담고 있으니까요. 행여 여러분이 꿈과 현실 사이의 간극을 놓고 걱정해 본 적이 있다면 이 책이야말로 여러분에게 안성맞춤일 거예요. 그리고 돈, 성장, 저축 같은 문제가 마냥 지루해서 그냥 즐거운 생각만 하며 살고 싶다고 해도 이 책이 도움이 될 거예요. 이 책은 자유를 다룬 책이거든요.

자율학습

부모님 또는 여러분을 돌봐 주시는 어른들과 직업을 주제로 대화를 나눠 보세요. 그분들은 어렸을 때 어떤 사람이 되고 싶어 하셨나요? 그분들은 현재 하고 있는 일을 어떻게 생각하시나요? 어른들이 그 일에 대해 좋아하거나 싫어하는 점은 무엇인가요? 그분들은 어떻게 지금의 직업을 가지게 되었다고 말씀하시나요?

아, 내 정신 좀 봐! 안녕하세요!

여기서 잠깐! 제가 너무 무례했군요. 아직 제 소개도 안 했다니. 제 이름은 '샘'이에요. 그리고 옆에 있는 녀석은 제가 기르는 반려 고양이 '딕비'고요. 딕비는 털 뭉치로 집세를 낸답니다. 돈에 관해서는 아는 게 별로 없지요. 하지만 귀여우니까 괜찮아요. 그래서 녀석에게 책을 쓸 때 도와 달라고 부탁했어요.

제 이야기를 들려줄게요. 어릴 적 제 꿈은 책을 쓰는 것이었어요. 무엇보다 책을 좋아했으니까요. 하지만 문제가 하나 있었어요. 뭘 어떻게 해야 책을 쓸 수 있는지 아무것도 몰랐던 거죠! 책을 쓰는 일은 누군가 내게 월급을 주고 시키는 일이 아니니까요. 게다가 저는 돈 관리엔 정말 재능이 없었어요(물론 돈을 쓰는 건 아주 좋아했답니다). 그래서 20대 시절은 이상한 일을 잔뜩 하면서 보냈어요. 부활절 토끼처럼 차려입는다던가, 로봇 옆에서 팸플릿을 나눠 준다던가, 로널드 맥도날드(패스트푸드 맥도날드의 마스코트—편집자) 대신 편지를 쓰는 일 같은 일을요(정말이랍니다! 미국에는 도시마다 로널드 행세를 하며 대중 앞에 나서는 일을 하는 사람들이 실제로 있어요. 이들은 사람들 앞에 나서기 전에 교육을 받고 '론콘'이라는 미국의 큰 컨벤션 행사에도 참여해요). 결국 아무도 제게 원하는 직업을 줄 수 없다는 사실을 깨달았어요. 그래서 스스로 일을 만들기로 작정했죠. 돈이 어떻게 돌아가는지 알아내겠다는 결심도 하고요.

결국 돈에 관해 배울 수 있는 모든 것을 배웠어요. 심지어 돈의 중심지에서는 어떤 일이 일어나는지 알아내기 위해 금융업에도 직접 몸담아 봤지요. 그리고 충격적인 비밀을 알게 되었어요. 그게 무엇이냐고요? 자, 하나, 둘, 셋, 개봉 박두! 실제로 돈을 이해하는 건 매우 쉬운 일이라는 사실입니다!

이 진실을 알게 되었을 때 정말 화가 나더군요. 이런 생각이 들었기 때문이에요. '도대체 왜 내가 어렸을 때는 아무도 돈이 어떻게 돌아가는지 가르쳐 주지 않은 거지? 가르쳐 줬다면 난 지금보다 훨씬 나아져 있을 텐데!' 돈이 돌아가는 방식은 정말 간단하거든요. 앞으로 여러분도 배울 거예요.

그때 이후 제가 알게 된 비밀을 모든 사람들과 나누는 것을 천직으로 삼았어요. 친구들은 제가 만나면 맨날 돈 이야기만 한다고 생각해 저를 피하기 시작했고요. 그래서 이 책을 쓰게 되었죠. 제가 하고 싶은 돈 이야기를 마음껏 퍼부으려고요!

하하하, 농담이에요. 이제 진지한 이야기를 해 볼까요? 제가 이 책을 쓴 또 한 가지 이유는 여러분이 다른 누구보다 먼저 시작하길 바라는 마음 때문이에요. 저처럼 허망하게 20대를 보내지 않도록 말이에요.

이 책을 펼치신 분이 18세나 48세라 해도 전혀 문제없어요.

저도 아동 청소년 도서를 읽으니까요! (존 그린은 제가 제일 좋아하는 작가라서 누구든 그를 놓고 이러쿵저러쿵 험담한다면 언제든 덤벼들어 싸울 준비가 되어 있답니다.) 그저 재미있게 책을 읽어 주세요. 독자 여러분이 누구든 간에, 저는 이 책을 통해 여러분을 만나게 되어 진심으로 기쁩답니다. 우리가 친구가 되길 바라 마지않아요.

너무 어리다고요? 누가 그런 말을?

이 책에서는 대부분의 사람들의 삶을 지배하는 것 중 가장 중요한 한 가지에 대한 기본 지식과 실상을 알려 드릴 거예요. 그것은 바로 '돈'이죠. 장담컨대 돈은 여러분이 어디에서 살든 상관없이 여러분의 삶을 지배할 거예요.

여러분의 가정은 돈이 많을지도 몰라요. 그러면 돈 문제로 스트레스를 받지 않고 미래를 걱정할 필요도 없겠지요. 아니면 돈 때문에 속상하긴 해도 그럭저럭 버티고 살 수도 있어요. 그것도 아니면 돈이 큰 문제일 수도 있겠죠. 차라리 몰랐으면 좋았다는 생각이 들 정도로요. 어른이 되려면 아직 한참 멀어서 당장 신경 쓰지 않아도 된다고 생각할지도 몰라요.

정말 그럴까요? 아니요, 그렇지 않아요.

우리 모두 여러분이 아직 어리다는 사실을 알아요. 하지만 돈 문제 만큼은 지금 꼭 알아야 한답니다. 이제 그 이유를 말해 줄게요.

1. 좋은 습관을 쌓을 수 있어요

질풍노도의 시기를 거치고 있는 지금, 여러분이 배우는 습관은 여러분의 평생을 좌우할 거예요. 분명 10대에 어마어마한 돈을 벌지는 못하겠죠(여러분이 유명한 아이돌이 아니라면요). 하지만 바로 지금이야말로 돈을 잘 벌고 잘 쓰고 잘 저축하는 방법을 배울 적기라는 사실은 변함없어요. 여러분이 오늘 받은 용돈 만 원을 관리하는 데 필요한 좋은 습관은 여러분이 언젠가 벌 수 있는 일억 원을 관리하는 데 필요한 습관과 동일해요(일억 원보다 훨씬 더 많이 벌 수도 있어요. 그 이야기는 잠시 후에 다시 나누어 보도록 해요). 시간을 내어 스포츠 활동을 즐기거나 취미 생활에 공을 들이는 일과 마찬가지예요. 여러분이 지금 투자하는 시간은 미래의 성공을 위한 주춧돌이 되어줄 테니까요.

뛰어난 운동선수나 예술가가 된 사람들이 아주 어릴 때부터 훈련을 시작하는 것과 똑같은 이치랍니다. 세계 최고의 테니스 선수인 세레나 윌리엄스는 무려 세 살에 테니스 훈련을 시작했다고 해요. 윌리엄스의 말을 들어 볼까요?

내가 어렸을 때는 훈련을 정말 열심히 했어요. 커서 최고가 되고 싶은 어린이들에게는 반복된 연습과 훈련이 아주 중요하다고 생각해요. 프로 선수들에게 물어보세요. 그들은 정말 진지하거든요. 내 기억으로, 아마 여름에는 아침 9시부터 11시까지 훈련한 다음, 오후 1시부터 6시까지 이어서 했던 것 같아요. 토요일에는 9시부터 12시까지 연습을 했고요. 일요일엔 쉬었어요. 그 정도면 아주 많이 한 셈이죠. 오랜 기간에 걸쳐 정말 열심히 연습했어요. 그러면 나이가 들어서는 어렸을 때만큼 연습하지 않아도 이미 탄탄한 기초를 쌓아 두었기 때문에 견고한 기초 실력을 유지할 수 있어요.

2. 지금이 바로 실수를 경험해 볼 가장 좋은 시기

두 번째 수업에서는 부업으로 돈을 벌 가능성을 살펴보려고 해요. 창업자들은 어렸을 때부터 사업을 시작하면 실수를 할 여유가 많아 좋다는 말을 자주 해요. 가족이라는 안전망이 있으니까요(그리고 집사로서 고양이를 먹여 살려야 할 걱정을 직접 할 필요도 없죠). 돈에 이런 생각을 적용해 볼 수 있어요. 무언가 배우기 가장 좋은 시기는 바로 지금이라는 생각 말이에요. 무엇이든 마음껏 실수할 수 있을 때 가장 잘 배울 수 있어요. 여러분! 아직 어린 지금이야말로 실수를 마음껏 해도 되는 시기랍니다!

3. 사람들의 편견을 증명할 기회

사람들은 흔히 아이들이 인내심이 부족하다고 생각하는 경향이 있어요. 쉽게 말하자면 이런 거예요. 맛있는 마시멜로를 아이 앞에 놓아 둔 다음 10분 동안 먹지 않고 참으면 두 개를 주겠다고 말하는 거죠. 사람들은 꽤 많은 아이들이 당장 마시멜로를 집어 먹을 거라고 생각할 거예요. 아이들이 지금 당장 눈앞에 있는 마시멜로를 먹는 게 어떻게 될지 모를 미래를 기다리는 것보다 두 배는 더 가치가 있다고 생각할 거라고 마음대로 추측하면서요(유튜브에서 이 실험 동영상을 찾아볼 수 있어요).

바로 이 지점에서 여러분은 사람들의 생각이 틀렸다는 점을 보여줄 필요가 있어요. 만족을 뒤로 미루는 것은 여러분이 앞으로 배워야 할 일이에요. 하지만 별로 어렵지 않아요. 마시멜로를 저축해 두고 더 많은 마시멜로가 쌓이는 모습을 보면 아주 신이 날 테니까요.

4. 돈은 시간을 사랑해요

워런 버핏은 전 세계에서 다섯 손가락에 꼽힐 정도로 돈이 많은 부자예요(자그마치 수백억 달러를 가지고 있어요! 게다가 그는 번 돈의 99%를 자선 단체에 기부한답니다). 버핏은 뭔가를 생산하거나 은행을 털어서 부자가 된 게 아니라 투자의 귀재였기 때문에 돈을 많이 벌 수 있었어요. 워런 버핏은 언제나 같은 말을 해요. 투자를 할 때 가장 중요한 비결은 바로 '인내'라고요. 복리가 부리는 마법 때문에 말이에요(복리의 마법은 뒤에서 배울 거예요). 그러니 가장 좋은 투자법은 가능한 한 일찍 시작하는 거예요. 아마 버핏도 일찍이 이 점을 깨달았나 봐요. 무려 열한 살에 투자를 처음 시작했거든요.

돈=책임

여러분은 앞으로 평생 많은 돈을 관리해야 하기 때문에 돈을 제대로 관리하는 법을 배우는 것이 중요해요.

대개 백만장자 하면 크게 성공한 사람들이라고 생각해요. 하지만 그거 아세요? 대부분의 사람은 평생 백만 달러보다 훨씬 더 많은 돈을 벌어요. 20세에 일을 하기 시작해 65세까지 일을 한다고 가정하면 45년 동안 일을 하는 거예요. 거의 반세기에 가까운 세월이죠! 여러분이 벌어들이는 봉급이 크지 않다고 해도 전부 모으면 꽤 큰 액수랍니다.

(단위: 만 원)

직업별 소득

직업	월급	연간 소득	평생 소득
경영·사무·금융·보험직	420	5,046	227,000
연구직 및 공학 기술직	390	4,667	210,000
교육·법률·사회 복지·경찰·소방직 및 군인	345	4,140	186,300
보건·의료직	570	6,840	307,800
예술·디자인·방송·스포츠직	300	3,627	163,200

* 한국고용정보원에서 2022년에 발표한 정보를 바탕으로 정리한 내용이에요. 어떤 사람들은 이 액수보다 훨씬 더 많이 벌거나 적게 벌기도 한답니다.

저 많은 돈을 관리하기 위해서는 큰 책임이 따라요. 돈으로 여러분이 할 수 있는 일은 아주 많아요. 여러분 자신과 여러분이 사랑하는 사람들의 인생뿐 아니라 주변 환경을 더 좋게 바꾸는 데도 쓸 수 있지요. 돈은 행복을 키우는 연료가 될 수 있답니다. 하지만 돈 관리를 잘하는 법을 배우지 않는다면 돈은 그 누구도 행복하게 할 수 없어요. 그거야말로 낭비가 아닐까요?

이 책에서 배울 내용

이 책은 돈을 이해하고, 벌어들이고, 관리하는 법을 알려 줄 거예요. 돈과 친해지는 방법을 빨리 익힐수록 돈과 관련된 많은 일에 익숙함을 느낄 수 있어요. 따라서 첫 번째 수업에서는 돈이 어떻게 작동하는지에 관한 이야기부터 나눌 거예요. 돈을 이해하기 위한 속성 코스지요. 여기서는 다음과 같은 내용을 다룰 거랍니다.

- 1교시: 우리 집이 다른 집보다 쓸 돈이 더 많거나 적은 이유. 즉, 가정마다 경제 사정이 다른 이유.
- 2교시: 돈이 벌리는 가장 기이하면서도 마법 같은 일(바로 '복리'죠!)에 대해 살펴보기.
- 3교시: 사람들을 빈곤하게 만드는 시스템을 이해하고 자신이 속한 곳은 어디인지 생각해 보기.

돈이 없으면 돈을 관리하는 연습도 할 수 없어요. 따라서 두 번째 수업에서는 돈을 버는 일을 주로 다룰 거예요. 다룰 내용은 다음과 같아요.

- **1교시:** 용돈을 받으면 좋은 점과 좋지 않은 점. '용돈'에 관한 모든 것.
- **2교시:** 돈을 벌기 위해 스스로 할 수 있는 일.
- **3교시:** 장차 하고 싶은 일, 되고 싶은 나의 모습 생각해보기.

세 번째 수업에서는 돈을 쓰고 저축하는 일을 기본부터 알아보는 시간을 가질 거예요. 보충 수업도 놓치지 마시길!

- **1교시:** 돈을 알맞은 곳에 쓰는 시스템 만들기.
- **2교시:** 진심으로 원하는 목표(닌텐도, 아이패드, 축구 경기 등)를 위해 저축하고 투자하는 법 배우기.
- **3교시:** 광고보다 한 수 앞서기, 더 똑똑한 소비자 되기(일단 돈을 쓰고 나중에 후회하는 일 줄이기 등등).
- **보충 수업:** 윤리적으로 소비하기, 기부하기 등 세상의 이로운 일에 돈을 쓰는 일.

핵심 정리 노트

✔ 돈이 어떻게 작동하는지 이해하는 것은 여러분이 진정 원하는 인생을 살 수 있게 해 주는 최고의 방법이에요.

✔ 돈을 벌고 저축하고 투자하는 일을 시작하기에 여러분의 나이가 어리다고 느껴지나요? 전혀 아니에요. 지금이야말로 좋은 습관을 배우고 큰 위험을 감수해 볼 수 있는 가장 좋은 시기랍니다!

첫 번째 수업

돈이란
무엇일까?

제1장

돈과 가족

가족과 동물들

어릴 적 제가 자란 집은 완전 동물원 같았어요. 우리 엄마는 가여운 동물을 보면 그냥 지나치지 못하는 마음 따뜻한 분이시거든요. 한번은 길 잃은 강아지 한 마리를 데려오기 위해 유기 동물 보호 센터로 가셨어요. 그런데 엄마가 집에 오셨을 때, 개 열한 마리를 데리고 들어오시는 것 아니겠어요! 모두 집이 필요하다는 이유에서였죠(엄마가 유기 동물 보호 센터로 가시지 못하도록 막아야 했어요. 집에 방이 남아나지 않았거든요). 게다가 우리 집에는 강아지뿐만 아니라 고양이도 있고 말도 있고 앵무새, 메추라기, 햄스터, '미스터 마구'라는 이름의 당나귀 그리고 '페튜니아'라는 이름의 애완용 돼지(이 아이는 부엌에서 잤어요)와 염소와 애완용 명주원숭이도 있었어요. 그야말로 난리도 아니었지만, 사랑은 넘쳐흘렀죠.

동물들을 모두 돌보느라 돈이 많이 들었고 부모님은 돈 때문에 스트레스를 받으신 적도 있었어요. 하지만 동물을 내보내는 건 선택지에 없었어요. 가족을 버릴 수는 없잖아요.

가족은 그 형태가 다양해요. 멋진 일이죠! 가족이 존재하는 방식에는 옳거나 그른 것이 없어요. 가족마다 나름의 문화가 있는 법이니까요. 제가 말하는 문화란 가정에서 일어나는 모든 일, 살아가는 지침이 되는 규정이나 규범이에요. 그건 돈에 관한 일도 포함된답니다.

흥미로운 점은, 그 문화 속에서 성장한 사람들의 눈에는 자기 문화가 보이지 않는다는 거예요. 예시를 하나 들어 볼게요. 혹시 알고 있었나요? 어떤 곳에 사는 사람들은 휴지로 엉덩이를 닦는 일이 정말 기괴하고 끔찍한 일이라고 생각한대요! 그 사람들은 휴지 대신 물로 뒤를 닦죠. 여러분은 아마 용변을 보고 나서 휴지로 닦으라고 배웠고, 그건 아주 당연한 일이라 다른 생각은 전혀 하지 못했을 거예요. 하지만 '우리'에게 당연한 일조차도 실제로는 우리 문화의 일부일 뿐이고, 모든 사람이 같은 방식으로 행동하지는 않는다는 사실을 기억해야 해요.

따라서 이 장에서는 한 걸음 떨어져서 여러분이 속한 가정의 금전 문화를 한번 검토해 보려고 해요. 가족의 문화를 이해하면 가정의 돈이 어떻게 돌아가는지, 그리고 여러분이 무엇을 할 수 있을지 알아보는 데 도움이 된답니다. 여러분의 가정이 다른 가정과 어떻게 다른지, 또 그 이유는 무엇인지 파악하는 데도 도움이 되겠지요.

여러분 자신이 외계인이라고 상상해 보세요. 마치 외계에서 온 탐험가가 되어 인간이라는 생명체를 최초로 공부하고 있다고 상상하면 큰 도움이 될 거예요. 여기서 주의할 점 하나! 가정의 금전 문화를 이러쿵저러쿵 함부로 재단하거나 평가하면 안 돼요. 우리는 그저 이해하려는 것뿐이라는 점을 꼭 기억하세요.

여러분의 부모님이나 여러분을 돌봐 주는 분들 역시 특별하고 고유한 가치를 지닌 존재예요(이 책에서는 같이 지내는 어른을 '보호자'라고 칭하려고 해요. 모든 사람이 부모님과 살고 있지는 않으니까요). 그분들은 나름의 방식으로 여러분을 키워 주신 분들이에요. 그야말로 행운이죠! 이건 그분들만의 금전 문화와 규칙을 가지고 가정 내에서 그 규칙에 따라 돈을 움직이고 있다는 뜻이기도 해요. 마음에 들든 들지 않든, 지금까지의 인생은 여러분을 현재의 모습으로 만들었어요. 정기적으로 용돈을 받거나 집안일을 도와드리고 돈을 받을 때 그 점을 꼭 기억해야 해요.

어느 시점에 여러분의 보호자는 여러분을 돌보는 일과 비용을 어떻게 분담할지 결정을 내리셨을 거예요. 여러분을 양육하고 뒷받침하기 위해 가정 경제 상황이 어떻게 돌아가는지 여러분은 알 수도 있고 모를 수도 있어요. 그건 어른들이 여러분과 어떤 이야기를 나누고 싶어 하시는지에 따라 달라지지요. 하지만 분명 돈에 관한 이야기는 어디에나 존재한답니다.

가족들은 대개 한 팀을 이루어요. 가족은 공동의 목표를 위해 함께 일하고 서로를 돌보죠. 그 방식은 아주 다양해요. 가족 구성원이 각자 자기가 버는 돈을 따로 관리하면서 비용을 골고루 나누는 것을 좋아하는 가족이 있는가 하면, 가족의 돈 전부를 모두의 것으로 여기는 가족도 있어요. 맞거나 틀린 방식은 없어요. 하지만 여러분의 가족이 어떤 방식을 택하고 있는지 알고 있다면 큰 도움이 될 거예요.

일부 가정의 경우 어떤 어른들은 경제 활동을 하지 않고 가족을 돌보는 무급 노동을 하고 있을 수도 있어요. 사회에 꼭 필요한 수많은 일이 적절한 대가를 지불 받지 못하는 경우가 허다해요. 요리와 청소, 돌봄 노동 같은 경우가 그렇죠. 옛날에는 이런 일을 하는 사람은 거의 언제나 여성이었어요. 남성은 밖에 나가 돈을 벌었죠. 직접 돈을 벌지 못하는 사람은 생활하는 데 아주 취약해져요. 1970년대까지도 여성들은 스스로 자기 신용 카드조차 만들 수 없었다는 사실을 알고 있나요? 하지만 이러한 무급 노동 역시 유급 노동만큼 중요하답니다.

가정마다 누가 돈을 벌고 비용을 내는지, 누가 가족 구성원을 보살피고 집안일을 담당하는지 각자 다른 방식을 택해요. 가족 구성원이 많아질수록, 또는 한 부모 가정이라면 일은 더욱 복잡해지죠. 어른이 된다는 것은 일과 돈을 적절하게 배분하고 가족 구성원 모두가 행복한 가정을 꾸려 가는 일이기도 해요. 언젠가는 여러분도 자신만의 가정을 꾸릴 기회를 가지게 될 테니까요.

> 절대로 잊어선 안 돼요. 한 사람의 가치는 돈을 얼마나 버느냐와 무관해요. 일도 마찬가지예요. 그 직업의 진정한 가치는 돈의 액수와는 전혀 상관없어요. 사업을 하는 사람들은 대개 의사보다 돈을 훨씬 많이 벌어요. 의사는 목숨을 구하는 일을 하는데 말이죠!

어렸을 때 알게 되는 이야기

제가 어린이와 청소년 여러분을 대상으로 돈에 관한 책을 쓰고 싶었던 주된 이유는, 제가 어렸을 때 우리 가족은 돈에 관해 아무런 이야기도 나누지 않았기 때문이에요. 같이 저녁 식사를 하면서 성(性)에 관한 이야기도 하고 정치나 종교를 주제로 건전한 토론도 맘껏 할 수 있었지만, 가족 구성원으로서 돈이 어떻게 돌아가는지, 우리 가정의 경제 상황이 어떠한지는 단 한 번도 대화를 나눈 기억이 없어요. 단 한 번도요. 돈은 말하면 안 되는 '금기'였던 셈이죠.

하지만 부모님이 제게 돈 이야기를 하지 않았다고 해서 제가 아무것도 하지 않았다는 뜻은 아니에요. 다른 모든 아이들처럼 저 역시 스펀지처럼 정보와 지식을 빨아들이고 있었죠. 여러분도 저와 다르지 않아요. 아마 여러분 역시 닫힌 문 뒤에서 부모님이 불안하게 다투는 소리를 들은 적이 몇 번은 있었을 거예요. 어렸을 때 저는 부모님이 생활비를 감당하기 힘들어 스트레스를 받고 있다는 사실을 어렴풋이나마 느끼고 있었어요.

제 부모님이 돈 문제를 직접 입에 올리기를 꺼리시는 동안 저는 돈에 관한 생각과 신념을 어느 정도 형성하고 있었죠. 잊어버리기 힘든 생각들이었어요.

가족들과 함께 나누는 돈 이야기가 바로 여러분 가정의 금전 문화를 형성해요. 브래드 클론츠 박사님은 사람들의 돈에 대한 신념을 연구하시는 분이에요. 그분은 사람들이 돈을 대하는 태도를 크게 네 가지로 나누셨어요.

1. 돈을 회피하는 태도

- 부자들은 지나치게 욕심이 많다.
- 사람들은 다른 사람을 이용해 돈을 번다.
- 필요 이상으로 돈이 많은 것은 옳지 않다.
- 나는 많은 돈을 가질 자격이 없다.

2. 돈을 숭배하는 태도

- 돈이 많을수록 행복해진다.
- 돈은 늘 모자라다.
- 돈은 곧 힘이다.
- 돈만 있다면 상황이 더 나아질 것이다.
- 나는 이번 생에 결코 부자가 되지 못할 것이다.

3. 돈을 가치 기준으로 삼는 태도

- 자신의 가치는 가지고 있는 재산액과 같다.
- 새것이 아니면 절대로 사지 않는다.
- 잘산다는 건 돈이 충분하다는 의미다.
- 빈곤한 사람들이 돈이 없는 이유는 돈을 가질 가치가 없기 때문이다.

4. 돈에 인색한 태도

- 나중을 위해 저축하는 일이 중요하다.
- 당장 현금으로 결제할 수 없다면 구매해서는 안 된다.
- 돈은 저축해야지 써서는 안 된다.
- 사람들에게 내 재산과 수입을 이야기해서는 안 된다.

과연 어떤 것이 진실일까요? 아마 전부 다일 거예요. 서로 반대되고 어울리지 않는 태도조차도요. 그러나 네 가지 중 어떤 것도 100% 옳다고 말할 수는 없어요. 일부는 여러분의 인생에서 특정한 시점에 도움이 될 수도 있어요.

우리 엄마는 너무 가난하게 자란 분이라 돈을 '숭배'하셨어요. 늘 돈이 충분하지 않은 것 같다며 겁을 내셨죠. 경제적으로 어렵게 자란 사람들은 돈이 모든 문제를 해결해 주리라 믿게 되는 것 같아요. 그래서 문제가 생기면 '돈이 충분하지 않기 때문에'라고 많이들 생각하죠.

이러한 믿음은 엄마가 정말 돈이 없었던 시절에는 분명한 사실이었을지도 몰라요. 하지만 엄마가 충분한 돈을 가지게 되었을 때, 즉 어떤 문제가 생겨도 돈과는 아무런 상관이 없을 때도 엄마는 여전히 돈이 문제라고 생각하셨어요. 심지어 경제적으로 아주 넉넉했음에도 불구하고 엄마는 늘 복권에 당첨되면 무엇을 할지 이야기하셨죠. 엄마는 항상 어려운 시절에 가질 수 없었던 것들을 떠올리셨고, 엄마가 누리지 못한 삶에 대한 아쉬움을 토로하셨어요.

아빠는 전혀 다른 분이셨어요. 아빠에게 돈은 지위와 가치의 문제였어요. 아빠는 사랑을 돈으로 보여 주셨어요. 예를 들어, 은행 계좌에 오천 원밖에 없어도 그 돈으로 아이스크림을 사 주시곤 했어요. 돈은 아빠의 삶에 물처럼 흘러들어 갔다가 빠져나왔죠. 돈이 생기면 생각 없이 마구 낭비하고, 대부분은 다른 사람들을 위해 쓰셨어요. 제가 길을 지나가다 어느 상점에 진열된 괴상하게 생긴 모자가 좋다고 말하면 아무리 비싸도 그 모자를 사 주셨어요. 모자가 실제로 쓸모가 있는지는 전혀 상관없었어요. 현금이 부족하면 신용 카드로 사 주셨죠.

아빠에게 돈은 늘 기분 좋은 깜짝 선물 같은 것이었어요. '이 것 봐, 돈이야! 내 은행 계좌에 이렇게 신기하고도 재밌는 게 들어 있단 말이지! 가서 빨리 써 버리자고. 나도 모르는 사이 에 맘대로 떠나가기 전에 말이야!'

아빠와 엄마 두 분 모두 자식을 사랑하는 멋진 부모님이셨 어요. 두 분의 금전 철학은 뭐, 말이 안 되는 것은 아니지만 정 상적이라고는 할 수 없었죠. 약간 이상한 금전관이라고나 할 까요.

그러니 우리 부모님이 함께 계시면 얼마나 기막힌 일이 벌 어졌을지 상상이 가지 않나요? 엄마는 말 그대로 돈을 철저하 게 숨기셨어요. 다행이긴 하죠. 학교 등록금(그리고 아빠의 엄 청난 신용 카드 청구 요금)처럼 별로 지출하고 싶지 않은 비용 을 어떻게 구할지 생각하고 고민하는 분은 우리 집에서 엄마 가 유일했으니까요. 엄마는 매년 눈물을 훔치시며 우리를 한 쪽 구석으로 데려가 그해엔 제대로 된 크리스마스 선물을 사 줄 수 없다고 말씀하셨어요(그렇지만 우린 매년 크리스마스 선물 을 받았어요. 엄마는 늘 우리 집이 경제적으로 어려워지기 직전이라 고 확신하셨지만요). 참 혼란스러운 시절이었죠.

저는 좀 아둔한 아이라 부모님의 상반된 행동을 보고 우리 집 경제 상황에 대해 완전히 다른 두 가지 결론을 내렸어요.

첫째, 우리 집은 돈이 충분하지 않다!
둘째, 우리 집은 돈이 많다!

게다가 우리 부모님은 저와 이런 문제에 관해서는 대화를 한마디도 나누지 않으셨기 때문에 돈이 충분하다는 것이 무슨 뜻인지, 애초에 돈을 어떻게 벌어야 하는지, 현명한 소비는 어떻게 해야 하는지 생각할 기회가 전혀 없었어요. 정보의 진공 상태 속에서 저는 돈에 대한 나름의 가치관을 키우기 시작했어요.

- 내가 가지는 돈의 액수는 통제할 수 없다.
- 돈은 신비한 존재라서 충분한 돈이 있는지 없는지 전혀 알 수 없다.
- 돈에 대해 말을 꺼내는 것은 이상하고 잘못된 일이다(그때 하지 못했던 돈 이야기를 지금에서야 쏟아 내고 있는 셈이죠. 심지어 아주 부적절한 타이밍에도요!).

사랑하는 우리 부모님은 우리에게 최상의 것만 주고 싶어 하셨던 분들이고, 돈으로부터 자식들을 보호하기 위해 최선을 다하셨어요. 하지만 지금 와서 생각해 보면, 제가 어렸을 때 겪으면서 형성한 돈에 대한 관념은 너무 특이하고 평범하지 않아서 다른 건강한 생각을 머릿속에 집어넣는 데 시간이 아주 오래 걸렸어요. 그래서 전 여러분이 저와 같은 경험을 하기 전에 한번 진지하게 돈에 대해 생각하는 시간을 가졌으면 좋겠어요.

제가 지금 알고 있는 건 이렇답니다.

- 누구든 여러분 정도의 장점과 능력을 갖춘 사람은 돈의 지배를 받지 않도록 돈을 직접 지배하고 통제할 계획을 세울 수 있어요.
- 돈은 전혀 신비한 존재가 아니에요. 물론 돈을 마법처럼 불어나게 할 수 있는 방법은 있어요. 그걸 앞으로 여러분에게 가르쳐 줄 거예요. 돈은 수수께끼가 아니라 그저 모든 사람이 다 알지 못하는 어떤 것일 뿐이에요. 신비한 마법의 돈이 있다면 그건 도깨비방망이로 찍어 낸 금화가 아닐까요?
- 돈에 관해 말하는 것은 전혀 부끄러운 일이 아니에요. 돈이 많든지 적든지 말이에요.

여러분은 가족과 돈에 관해 어떤 대화를 나누어 보았나요? 여러분은 브래드 박사님이 제시한 돈을 대하는 네 가지 태도 중 어떤 것에 가까운가요?

우리 가정의 금전 문화

가정마다 금전 문화는 아주 다양해요.

- 용돈을 받지 않거나 불규칙적으로 받는다.

- 정기적으로 용돈을 받는다.

- 용돈을 어디에 써야 할지 이야기를 나눈다.

- 집안일을 도우면 돈을 받는다.

- 누구나 대가 없이 집안일을 해야 한다.

- 가사 도우미가 있어서 집안일을 하지 않아도 된다.

- 가족 구성원 모두 각자 은행 계좌가 있다.

- 생일 선물로 돈을 받는다.

- 집안 어른들은 아이들이 사 달라는 것은 뭐든지 다 사 주신다.

- 저축을 중요하게 생각한다.
- 비상금이 쌓여 있다.

금전 문화가 다양한 이유는 가지각색이에요. 용돈을 주지 않는 집이라면 여유가 없어서일 수도 있고 교훈을 위해 일부러 안 주는 것일 수도 있어요. 심지어 돈이 많은 부자가 자식들에게 용돈을 주지 않는 경우도 많답니다. 대개 부모님들은 아이들이 원하는 것을 무조건 얻기보다는 스스로 돈을 버는 법이나 관리하는 법을 배워야 한다고 생각하시니까요.

다시 한번 기억하세요. 여러분은 지금 세상을 탐험하고 있는 외계인이라는 것을요. 여러분의 가족을 이해하기 위한 것일 뿐 재단하고 평가하기 위한 것은 아니라는 점, 꼭 명심하세요!

가족의 소득

여러분은 아마 현재 부모님이나 보호자 분에게 용돈을 받고 있을 거예요. 그 돈은 어디서 오는 걸까요? 만약 전혀 모르겠다면 어른들의 이야기를 들어 보세요(부모님의 직업을 물어봤을 때 날이 선 듯 날카로워 보였디면 아마 스파이일지도 몰라요!).

돈을 버는 방법은 매우 다양하답니다.

- **봉급**: 일하는 대가로 받는 돈이에요. 월급이나 주급 등 그 형태는 다양하답니다.
- **자영업**: 가족 중 한 분이 창업주일 수도 있어요. 자기 사업을 하고 있다는 뜻이죠. 직접 일을 하면서 월급을 받을 수도 있지만, 만약 사업이 크게 성장한다면 수익 역시 일하는 사람의 몫으로 돌아와요.
- **일괄 지급**: 일부 사람들은 다달이 돈을 받지 않고 일을 해요. 큰 프로젝트를 끝낸 후에 한 번에 돈을 받거나, 예술가들은 작품이 팔리면 작품 값을 받죠.
- **인세 / 저작권 사용료**: 뭔가를 만들거나 발명해서 받는 돈이에요. 아버지가 베스트셀러 소설을 쓰시고 어머니가 태양전지 배터리를 발명해 특허를 내셨다면 정기적으로 지급되는 돈이랍니다.
- **연금**: 여러분의 조부모님은 연금을 받고 계실 수도 있어요. 젊은 시절에 열심히 돈을 벌어서 넣어 둔 장기적인 적금 같은 거예요. 나이가 들어서 더 이상 일을 하지 못할 때 돈을 받을 수 있도록 보장하는 것이죠.
- **투자 수익**: 돈이나 자산을 가져서 받는 돈이에요. 예를 들어,

여러분 집의 빈 방을 누군가에게 빌려준다면 임대료를 받죠. 주식이 있다면 배당금을 받고요. 이 내용은 세 번째 수업에서 자세히 이야기할게요.

- **사회 보조금:** 정부가 돈이 필요한 사람들에게 지원하는 돈이에요. 주로 사회적으로 보호가 필요한 사람들을 위한 보조금이에요.
- **가족의 지원:** 많은 사람이 다른 가족 구성원이나 사랑하는 사람들에게서 돈을 받아 생활해요. 부모님이 함께 살지 않거나 가정 내에서 생활비를 담당하는 구성원이 있는 경우에 그렇게 해요.
- **유산:** 윗세대 가족 구성원이 세상을 떠나고 다음 세대로 물려주는 돈이나 자산을 말해요.

일반적으로 소득 유형은 크게 두 가지로 나뉘어요.

능동적 소득/노동 소득	수동적 소득/불로 소득
· 일하고 얻는 소득 · 월급, 일급 등	· 가지고 있는 물건이나 자산으로부터 얻는 소득 · 저작권료, 사업 이윤, 투자 수익 등

대부분 부유한 사람들은 능동적 소득보다 수동적 소득이 훨씬 커요. 여기서 수동적 소득은 더 자유로운 삶을 위한 핵심 열쇠랍니다.

재산이나 돈은 어떻게 물려받을까요?

해리 포터가 그린고트에 가서 부모님이 남기신 황금 더미를 발견하는 장면을 기억하나요? 그걸 바로 '유산'이라고 해요.

대개 사람들은 죽기 전에 가족 중 누구에게 무엇을 물려줄지 알려 주는 유언장을 남겨요. 할머니의 결혼반지, 예쁜 찻잔 세트, 심지어 벤틀리나 롤스로이스 같은 고급 자동차를 받을 수도 있고 가족사진을 받을 수도 있어요. 집, 부동산 또는 돈일 수도 있고요. 돈은 신탁 기금이라는 기관에 맡겨 놓는답니다 (가족의 투자 수익을 대신 관리해 주는 곳을 '신탁'이라고 해요).

모든 사람이 유산을 받는 것은 아니라는 사실을 알아야 해요. 아주 중요한 사실이죠. 거액의 재산을 물려받는 사람들도 있지만 사실 대부분의 사람들은 아무것도 받지 못해요. 세상은 그렇게 불공평하답니다.

아래 목록에서 집안 어른들께 묻고 싶은 질문을 5~7개 정도 선택해 주세요. 종이에 질문을 적고 일주일 동안 하루에 하나씩 대상을 선택해 질문을 드려 보세요. 여러분이 궁금한 내용을 직접 질문으로 만들어도 좋아요.

잠깐, 시작하기 전에 진행 방식과 관련해 몇 가지 규칙을 정해 볼까요? 여러분은 지금 외계인 탐험가라는 사실을 다시 한번 기억하세요!

1. 최대한 예의를 지켜 여러분이 선택한 질문을 먼저 보여 드리고, 이야기해 주실 수 있는지 여쭤보세요. 곤란해하신다면 다음 질문으로 넘어가세요.
2. 어른들에게 생각할 시간을 드리세요.
3. 어른들을 포함해 어떤 사람이든 스스로 원하지 않으면 얼마를 벌고 저축하는지 다른 사람에게 말할 필요가 없다는 점, 꼭 명심하세요.

질문 목록

- 자산이 늘어났나요?
- 돈을 어떻게 버나요?
- 현재의 직업은 어떻게 구하신 건가요?

- 돈은 나쁜 건가요, 좋은 건가요? 그렇게 생각하시는 이유는 무엇인가요?
- 돈 때문에 스트레스를 받으신 적이 있나요?
- 부모님에게 돈에 대해 어떤 가르침을 받았나요?
- 지금까지 돈에 관해 내린 결정 중 가장 좋은 것은 무엇이었나요?
- 자식(들)의 학비를 저축하고 있나요?
- 사람들이 돈에 관해 더 적극적으로 말해야 한다고 생각하시나요?
- 아이들이 자기 부모님의 수입을 알아도 괜찮다고 생각하시나요?

가족의 생활비

생활비는 여러분의 식구들이 필요한 물건을 사거나 비용을 지불할 때 쓰는 돈이에요. 금액은 가정마다 천차만별이지요. 생활비에는 다음과 같은 항목이 포함될 거예요.

- 식료품 비용

- 전기료와 수도세

- 임대료나 대출금

- 학교 등록금과 사교육 비용

- 교통비

- 자녀들에게 주는 용돈

- 의료 비용

- 반려동물 비용

- 보험료

- 교회 십일조나 자선 단체 기부금

- 가사 도우미 급료

- 여가비

- 집 수리비

- 외출 비용

- 게임, 책, 기기 등 사치품 구매 비용

- 노후 대비 저축 비용

자율학습

이외에도 여러분의 가정에서 생활비 목록에 추가할 사항이 더 있는지 살펴보세요.

당연히 어느 가정이나 버는 돈보다 쓰는 돈이 더 많아선 안 돼요. '현금 유동성'에 균형을 맞춰야 하죠. 현금 유동성은 들어오는 돈(소득)과 나가는 돈(지출) 두 가지로 이루어져 있어요.

현금 유동성의 균형을 잡는다는 것은 번 돈보다 더 많은 돈을 쓰지 않도록 조절해 돈이 모자라지 않게 생활비를 유지한다는 뜻이에요.

혹시 생활비 목록의 주인공이 여러분이라는 사실을 눈치챘나요? 아이를 양육하는 데는 돈이 많이 들어요. 책임감을 가지고 가정을 이끄는 일은 경제적 여유 이상으로 무리하지 않는 것을 뜻해요.

여러분 가족의 예산에는 또 한 가지가 포함될 거예요. 바로 다른 가족 구성원을 돌보고 지원하는 일이죠. 가족을 부양하는 건 힘들고 무서운 일이 아니에요. 가족을 사랑하고 가족의 행복을 돌보는 일은 특권일 수 있어요. 하지만 지출이 늘어날수록 현금 유동성의 균형을 맞추기가 점점 힘들어져요. 돈을 저축해 부를 쌓기는커녕 기본적인 생활을 유지하는 것조차 어려워지죠.

사실 꽤 많은 가정이, 심지어 부자들도 현금 유동성의 균형을 맞추느라 아주 힘들어해요. 그리고 이런 이야기는 제 부모님이 저와 절대로 나누려 하지 않았던 돈 이야기 중 하나이기도 해요. 하지만 여러분과 저는 그때와는 다르게 이것을 바라볼 수 있겠죠!

일부 가정은 예산을 미리 세워 현금 유동성의 균형을 맞춰요. 모든 지출 비용을 기록해 매달 얼마나 돈이 나가는지 계산하고 소득보다 적게 쓸 수 있도록 계획을 세워 두는 거예요.

반려동물을 위해 한 달 예산을 직접 짜는 연습을 해 보세요. 실제로 기르고 있는 반려동물도 좋고 상상 속의 반려동물도 좋아요. 온라인에서 물건 값이 실제로 얼마인지 알아보세요 (아니면 어른들께 상점에 데려가 달라고 해 보세요). 반려동물의 몸무게를 알아 두어야 해요. 반려동물이 먹는 먹이의 양은 대개 몸무게로 계산하니까요. 고양이는 모래도 사야 해요. 잊지 마세요.

내 친구 안젤라의 반려견인 달마시안 '부글'의 예산을 예시로 적어 보았어요.

부글은 알레르기가 있어요. 그래서 가려움 방지 연고가 꼭 필요해요. 몸무게는 30kg이고요.

- 벼룩/진드기 약(3개월 치): 약 40,000원,
  한 달에 13,000원
- 개 사료 10kg짜리 두 개: 각 30,000원,
  총 60,000원
- 뼈 10개(1개월 치): 각 800원, 총 8,000원
- 가려움 방지 연고: 15,000원
- 병원 비(총 네 번): 한 번 갈 때마다 23,000원,
  일 년에 약 90,000원, 따라서 한 달 평균 7,500원

= 한 달 예산: 총 103,500원

돈이란 도대체 무엇일까요?

먼 옛날 '돈'이 생기기 전, 사람들은 물물교환을 했어요. 그런데 어떤 물건은 다른 물건들보다 가치가 높았죠. 염소 한 마리와 닭 열 마리가 동등한 가치를 지녔던 거예요. 사람들은 아주 복잡한 방식으로 서로 빚을 지게 되었어요. 예를 들어, 이웃으로부터 염소 한 마리를 받고 달걀 20알을 이웃에게 주면 염소 한 마리와 달걀 20알은 동등하지 않으니 갚아야 할 달걀의 수는 아직 한참 남은 셈이죠. 그래서 사람들은 이 모든 거래를

추적하기 위해 글자를 발명해야 했어요.

사람들은 어떠한 징표를 이용해 가치를 나타내야 한다는 걸 깨달았어요. 그냥 '이봐, 네가 준 염소에 대해 내가 빚을 졌어'라고 말하는 대신 더 구체적인 방법을 쓴 거죠. '네가 준 염소에 대해 징표 100개만큼 빚을 졌네'라고 할 수 있게 된 거예요. 보드게임을 해 봤다면 알겠지만, 가치를 나타내는 징표로는 뭐든 쓸 수 있어요. 그 물건의 가치가 어느 정도인지에 관해 모두의 합의만 이루어진다면 말이죠. 세계 여러 지역에서 사람들은 조가비, 뼈, 구슬 등을 징표로 활용했어요. 이것이 바로 인류 최초의 '돈'이었죠.

사람들이 금과 은 같은 금속을 채굴해 녹이고 모양을 만들면서 금괴, 금화나 은화 같은 화폐가 등장했어요. 하지만 금속 화폐는 너무 무거워 들고 다니기가 어려웠어요. 사람들은 실제 금이나 은을 은행이나 금세공인에게 맡기고 얼마나 많은 금을 맡겼는지 기록한 종이를 교환하기 시작했어요. 이 종이 쪽지가 주화 대신 쓰인 거예요. 이렇게 해서 최초의 은행권, 즉 '지폐'가 탄생했어요.

세월이 흘러 각국 정부는 지폐를 발행하기 시작했고, 금과 은보다 가치가 떨어지는 구리 같은 금속으로 주화가 제작되었어요. 지폐와 주화의 재료가 되는 종이와 금속은 그 자체로 가치가 있는 게 아니라 종이나 주화에 새겨진 숫자만큼의 가치를 가져요. 화폐를 발행하는 정부가 그 가치를 보장해 주지요(그래서 돈을 태우거나 파기하는 행위는 불법이랍니다).

나라마다 중앙은행에서 화폐를 발행해요. 당연히 정부만 돈을 찍어 내야 해요. 이건 아주 중요한 문제랍니다. 그렇지 않으면 돈의 가치가 보장되지 않을 테니까요. 정부가 발행한 것이 아닌 가짜 돈은 '위조지폐'라고 불러요. 중앙은행은 지폐에 특정한 표식을 남겨 진짜인지 가짜인지 알아볼 수 있도록 한답니다.

지금 여러분이 가지고 있는 지폐를 꺼내 살펴보세요. 만져 보고, 빛에 비추어 보세요. 지폐는 다양한 위조 방지 장치를 갖추고 있어요. 대표적으로 다음과 같은 것들이 있답니다(한국 지폐를 예로 들었습니다. 출처는 한국조폐공사입니다—편집자).

1. **볼록 인쇄**: 앞면에 인쇄된 인물이나 문자 및 숫자 등을 만져 보면 오돌토돌한 감촉을 느낄 수 있어요.
2. **미세 문자**: 눈으로 직접 확인하기 어려운 미세 문자가 지폐 곳곳에 새겨져 있어요. 돋보기나 현미경을 사용하면 볼 수 있을 거예요.
3. **홀로그램**: 보는 각도에 따라 한국의 지도와 태극 문양, 숫자

등이 번갈아 나타나요.

4. **요판 잠상**: 지폐를 비스듬히 기울여 보면 숨겨 놓은 문자나 숫자가 나타나요.

5. **숨은 그림**: 그림이 없는 부분을 빛에 비추어 보세요. 숨겨져 있는 그림과 숫자가 보인답니다.

핵심 정리 노트

✔ 여러분은 가지고 있는 돈으로 가정 경제를 이루어요. 또한 각 가정의 금전 문화는 나름의 개성이 있답니다.

✔ 여러분은 가정으로부터 돈에 관한 많은 생각과 태도를 배우게 될 거예요. 그것이 여러분에게 도움이 될 수도 있고 문제가 될 수도 있어요. 따라서 돈에 대해 스스로 생각해 보는 시간을 갖는 것이 아주 중요해요.

✔ 여러분의 부모님은 감당할 수 있는 만큼 여러분에게 돈을 주려고 하실 거예요. 그런 걸 바로 '책임감'이라고 부른답니다.

✔ 지출은 나가는 돈, 소득은 들어오는 돈을 말해요.

✔ 돈 관리를 배우면 여러분의 현금 흐름을 관리하는 데 도움이 돼요.

✔ 버는 것보다 더 많은 돈을 쓰지 않도록 조심하세요!

복리의 마법

마법의 돈

"너희 엄마도 허공에서 음식을 만들어 낼 수는 없어."

헤르미온느가 말했다.

"불가능한 거라고. 음식은 갬프의 원소 변환 마법 법칙의 다섯 가지 주요 예외 중 첫 번째…"

"알아듣게 좀 말하면 안 돼?"

론이 이빨 사이에서 생선 가시를 빼내며 말했다.

"아무것도 없는데 음식을 만들어 낼 순 없어! 음식이 어디 있는지 알면 불러낼 수는 있을 거고, 음식이 이미 좀 있으면 변화를 주거나 양을 늘릴 수는 있지만…"

"양을 늘리지는 말자. 이거 더럽게 맛없어."

론이 말했다.

『해리 포터와 죽음의 성물』 중에서

『해리 포터』에서 제가 제일 좋아하는 부분은 아이들이 새로운 마법을 배우는 장면이에요. 저는 규칙과 논리가 있는 마법을 좋아한답니다. 놀라운 일은 언제든지 일어날 수 있지만 왜, 어떻게 작동하는지 알아야 하는 거죠. 그냥 마술봉을 휘두르면서 팬케이크가 나오기를 바랄 수는 없어요.

돈은 특별한 종류의 마법이에요. 나름의 규칙도 있고요. 돈이 여러분에게 근사한 무언가를 해 주기를 바란다면 그 규칙을 파악해야 해요.

다른 어떤 규칙보다 강력한 돈의 규칙이 하나 있어요. 이 규칙을 제대로 알면 여러분은 이미 대부분의 어른보다 돈에 대해 훨씬 잘 알게 되는 셈이에요. 바로 '복리'라는 마법이지요. 차근차근 배워 볼까요?

이자

이자란 남의 돈을 쓰는 비용을 말해요. 여러분이 십만 원짜리 로봇을 너무 너무 갖고 싶다고 가정해 봅시다. 그런데 돈이 없는 거죠. 그럼 은행에 돈을 빌리러 갈 수 있어요. 은행은 십만 원보다 좀 더 많은 돈을 갚으라고 요구해요. 은행에서 십만 원을 '대여'하는 데 내는 요금과 같은 거지요. 십만 원을 제외한 여분의 비용을 바로 '이자'라고 해요(부모님이 위대하신 이유입니다. 부모님은 여러분에게 이자를 한 푼도 받지 않으시잖아요!).

이자의 기가 막힌 점은 여러분이 이자를 받는 사람이 될 수도 있다는 거예요. 만약 여러분이 누군가 다른 사람에게 돈을 빌려주면 돈을 빌린 사람이 여러분에게 이자를 지불해야 해요.

심지어 은행에 돈을 빌려주고 이자를 받을 수도 있어요. 아마 이런 점이 궁금할 거예요. '은행은 분명 나보다 돈이 훨씬 많은데, 왜 은행이 나 같은 개인에게서 돈을 빌리겠어?'라고요. 하지만 그거 아세요? 여러분이 은행에 돈을 저축하는 일이 바로 은행에 돈을 빌려주는 일이라는 것을요! 은행에 현금을 빌려주는 거죠. 여러분이 통장에 넣는 돈은 여러분의 이름만 달고 가만히 앉아 있진 않아요. 은행은 그 돈을 이용해 은행의 일을 하죠(예를 들어, 다른 사람들에게 빌려주는 일 같은 거요!). 은행은 여러분의 돈을 가져다 쓴 다음, 여러분에게 이자를 지불한답니다.

다시 말해, 돈의 세계에서 '이자'란 여러분의 돈을 투자하거나 돈을 돌아가게 함으로써 받는 돈(좋은 이자) 또는 다른 사람의 돈을 사용함으로써 내야 하는 돈(나쁜 이자)이랍니다.

복리

복리를 설명하기에 앞서, 단리에 대해 먼저 알아볼게요. 단리는 여러분이 원래 빌린 액수의 가치에 따라 계산해요. 여러분이 은행에서 만 원을 빌리고 매년 10%의 단리를 갚아야 한다고 가정해 볼까요?

	단리	총 금액(원금+이자)
1년	10,000원 × 10 % = 1,000원	10,000원 + 이자 1,000원 = 11,000원
2년	10,000원 × 10 % = 1,000원	11,000원 + 이자 1,000원 = 12,000원
3년	10,000원 × 10 % = 1,000원	12,000원 + 이자 1,000원 = 13,000원
4년	10,000원 × 10 % = 1,000원	13,000원 + 이자 1,000원 = 14,000원
5년	10,000원 × 10 % = 1,000원	14,000원 + 이자 1,000원 = 15,000원

단리 계산법에 따르면 여러분은 5년 후에 15,000원을 갚아야 해요.

하지만 복리는 힘이 잔뜩 들어간 헐크와 같아요. 복리는 여러분이 원래 빌린 액수에 붙는 게 아니라 지금 당장 갚아야 하는 액수에 붙거든요. 그러니까 10% 복리로 10,000원을 빌린다면 아래와 같이 돈을 갚아야 해요.

	복리	총 금액(원금+이자)
1년	10,000원 × 10 % = 1,000원	10,000원 + 이자 1,000원 = 11,000원
2년	11,000원 × 10 % = 1,100원	11,000원 + 이자 1,100원 = 12,100원
3년	12,100원 × 10 % = 1,210원	12,100원 + 이자 1,210원 = 13,310원
4년	13,310원 × 10 % = 1,331원	13,310원 + 이자 1,331원 = 14,641원
5년	14,641원 × 10 % = 1,464원	14,641원 + 이자 1,464원 = 16,105원

그러니까 5년 후면 여러분은 16,105원을 갚아야 해요. 이 금액은 적은 것 같아도 돈의 액수가 훨씬 더 커지면 어마어마한 차이가 날 수 있어요.

돈에 관한 거의 모든 것이 단리가 아닌 복리로 계산됩니다. 고등학교를 졸업할 때까지 수학을 열심히 공부한다면 더 큰 금액의 복리 계산을 할 수 있을 거예요. 하지만 지금은 당장 그것까지 알 필요는 없어요. 그저 수학이 하는 일이 뭔지만 알면 되죠.

여러분이 기억해야 할 점은 돈더미가 (대부분의 이자가 작동하는 방식으로) 복리 이자를 쌓는 경우 미친 듯이 빠른 속도로 불어난다는 것입니다.

이제 여러분에게 질문 하나 할게요. 내가 여러분한테 오늘 현금으로 1억 원을 주거나, 아니면 100원을 주되 30일 동안 매일 두 배가 되게 해 준다면 둘 중에 무엇을 선택하고 싶은가요? 내 말은, 정말로 그런 일이 일어나지 않더라도 한번 상상해 보자고요.

당장 1억 원을 받는 것이 더 좋은 선택 같죠? 그렇지 않아요? 글쎄요, 저는 여러분을 말리고 싶군요. 왜냐고요? 100원을 한 달 동안 매일 두 배로 만들면 30일째 530억 원을 갖게 되거든요. 이렇게 작은 100원으로부터 불어난 돈이 자그마치 530억 원이랍니다!

배를 탄 쥐

복리를 이해하는 데 도움이 되는 이야기를 하나 해 드릴게요. 제 친구 조지나가 해 준 이야기랍니다. 조지나는 저보다 훨씬 설명을 잘하거든요.

부두에 긴 여정을 떠날 채비를 끝낸 배 한 척이 서 있다고 상상해 봅시다. 이 배에 두 마리의 쥐가 냉큼 올라탄 거예요. 각각 암컷, 수컷이라고 해 봅시다. 어디까지나 이야기일 뿐이니 이 배에 쥐를 잡는 고양이는 없다고 하고요.

드디어 배는 출항하고 쥐들은 새끼를 낳았어요. 곧이어 배에는 두 마리 이상의 쥐가 새로 생겨났어요. 처음 배에 올라탄 쥐 두 마리가 계속해서 새끼 쥐를 낳고, 이제 배 위에는 쥐가 자꾸 늘어나겠죠. 한 쌍의 쥐가 규칙적으로 아기를 낳는 것을 (쉽게 이해하기 위해 한 달에 새끼 둘을 낳는다고 생각해 볼까요?) 그래프로 그려 보면 반듯한 직선을 볼 수 있어요. 단리가 작동하는 방식이 딱 그렇답니다.

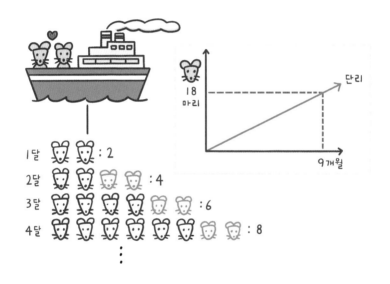

9개월이 지나면 쥐는 18마리가 될 거예요. 지금까지는 쉽게 이해할 수 있죠?

그런데 여기에는 함정이 있어요. 여러분이나 저나 모두가 아는 사실이죠. 쥐들은 번식력이 매우 뛰어나 실제 쥐의 숫자는 그보다 훨씬 더 빠른 속도로 늘어나요. 몇 개월이 지나면 원래 엄마 쥐와 아빠 쥐만 아기를 낳는 게 아니라 새끼들도 자라서 자기 새끼를 낳기 시작하죠. 한 달이 지날 때마다 또 다른 쌍의 새끼 쥐가 태어나고 한 달이 또 지나면 그 한 쌍이 다시 또 새끼를 낳아요. 이렇게 해서 쥐의 수가 늘어날수록 늘어나는 속도도 빨라진답니다. 새끼들이 새끼를 낳고 그 새끼들이 또 새끼를 낳고, 아무도 새끼를 낳는 걸 막지 못하니까요.

9개월을 바다에서 보내고 나면 선상에는 512마리의 쥐가 생겨날 거예요. 그림으로 다 보여 줄 수 없을 만큼 많아지죠.

아마 그때는 뱃사람들이 배에 고양이를 태우지 않은 걸 후회할지도 몰라요.

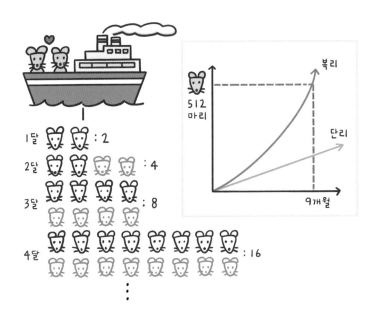

21개월이 지나면 어떤 일이 벌어질까요? 배에는 209만 7,152마리의 쥐가 생겨날 거예요. 그러면 배는 쥐의 무게 때문에(무려 734톤!) 가라앉을 거고요(게다가 쥐의 수만큼 그림을 그려서 인쇄하면 그 높이는 지구상에서 가장 높은 건물보다 더 높을 거예요. 참고로 세상에서 가장 높은 건물은 두바이에 있는 '부르즈 할리파'랍니다. 너무 높아서 거리가 100킬로미터나 떨어진 곳에서도 보인다고 해요).

첫 번째 이야기(직선 그래프)와 두 번째 이야기(곡선 그래프) 사이의 차이는 확실해요. 단리와 복리의 차이 말이죠. 불어나는 건 같지만 그중에서 눈덩이처럼 불어나는 것을 복리라고 할 수 있어요.

뱀파이어는 어떻게 부자가 되었을까요?

잠깐 《트와일라잇》 이야기를 해 볼까요? 아니면 그냥 뱀파이어도 좋아요. 혹시 뱀파이어들이 항상 근사한 대저택에서 살고 긴 벨벳 조끼를 입고 있다는 사실, 눈치챘나요? 뱀파이어의 피부를 반짝거리게 하는 데는 아마 많은 비용이 들어갔을 거예요. 뱀파이어는 도대체 어떻게 그 모든 사치를 감당하는 걸까요?

만약 200년 전 어떤 뱀파이어가 1만 원을 저축 계좌에 넣었는데 1년에 8%의 이자가 붙는다면 지금쯤 그들은 약 800억 원을 갖고도 남을 거예요. 그 정도면 벨벳 조끼쯤이야 잔뜩 살 수 있겠죠.

복리에 대해 여러분이 알아야 할 또 다른 중요한 요소는 '시간'이에요. 저축한 돈이 불어나게 오래 기다리면 기다릴수록 좋다는 말이죠.

자, 여러분은 분명 남의 피를 빨아먹고 늙지도 죽지도 않는 전설 속의 악마는 아닐 거예요. 그럼에도 불구하고 시간은 여러분의 경제생활에서 매우 중요한 요소랍니다.

여러분이 스물다섯 살이 되어 월급을 받기 시작한다고 가정해 봐요. 두 가지 시나리오가 있어요.

1. 첫 월급을 받기 시작하자마자 매달 10만 원씩 퇴직을 위해 저축하기 시작해요. 딱 5년 동안만요. 30세가 되면 저축을 멈추고 65세가 될 때까지 마법의 복리가 붙도록 그냥 내버려 두는 거예요.
2. 30세가 되었을 때 저축을 시작하는 거예요. 같은 금액으로 5년 동안 한 달에 10만 원씩을요. 그리고 35세가 되면 저축을 중단해요.

5년이라는 시간이 그렇게 큰 차이가 나지 않을 것 같죠?

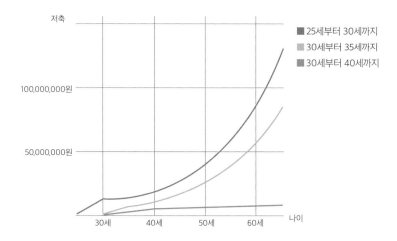

하지만 실제로는 어마어마한 차이가 나는군요. 잃어버린 시간을 채우려면 30세에 저축을 시작한 사람은 같은 기간 동안 두 배로 저축하거나 매달 5만 원씩 더 저축해야 일찍 시작한 사람을 따라잡을 수 있어요.

여러분이 이 점을 명심하면 좋겠어요. 저축을 미루는 동안 생각보다 훨씬 더 많은 돈을 낭비한다는 점을요. 여러분이 올해 저축할 수 있는 50만원이나 100만 원 정도에 그치는 게 아니라 40년 후에 가질 수 있는 막대한 금액을 날릴 수 있다고 말하는 거예요.

여러분은 지금 이 책을 읽으면서 대부분의 사람들이 놓치고 있는 기회를 가질 수 있어요. 명심하세요. 돈은 시간을 아주 좋아한답니다. 여러분에게 제일 많은 것이 바로 시간이죠.

빚은 어떻게 쌓일까요?

지금까지는 좋은 복리에 관해 이야기를 나누었어요. 여러분의 돈을 저축하거나 투자해 받는 이자를 좋은 복리라고 하죠. 하지만 좋은 복리가 있다면 나쁜 복리도 있어요(어느 것이나 어두운 면은 꼭 있는 법이죠. 《스타워즈》의 루크 스카이워커에게 물어보세요). 여러분이 누군가에게 이자를 지불한다면 그 역시 복리의 법칙을 따른답니다.

빚이란 여러분이 다른 사람이나 은행으로부터 빌린 돈을 말해요('부채'라고도 하죠). 여러분은 돈을 갚을 때 빌린 돈뿐 아니라 이자도 함께 내야 해요. 세상에 공짜는 없으니까요(햇빛과 고양이의 포옹은 예외지만요). 특히 은행이 관련되어 있다면 말 다 했죠.

빚에도 다양한 종류가 있지만 자세한 내용은 나중에 다룰게요. 지금은 아래 두 가지만 알아 두면 됩니다.

• **대출:** 아이패드나 자동차, 집처럼 무언가 큰 것을 사기 위해 돈을 빌릴 때는 특정 기간에 걸쳐 돈을 갚기로 약속해

요. 사람들이 집을 사려고 돈을 빌리면 그 빚을 다 갚는 데 보통 20년이 넘게 걸린답니다.

- **신용 카드**: 은행 계좌와 연동된 카드로, 지금 가지고 있는 현금보다 더 많은 돈이 필요할 때 사용해요. 물론 상한선이 있죠. 돈을 갚을 때 그 액수만큼 다시 빌릴 수 있지만 신용 카드에 부과되는 이자율은 꽤 높아요.

대부분 빚은 이자를 부과해요. 게다가 이자는 복리로 계산되기 때문에 '시간은 곧 돈'이라는 원칙은 여기에서도 중요해요. 빚을 빨리 갚을수록 이자를 덜 내게 되지요.

돈을 빌려주는 은행은 이 점을 잘 알고 있어 교묘하고 은밀한 술수를 잔뜩 써요. 사람들이 가능한 한 아주 오오오오오오랜 시간에 걸쳐 빚을 갚도록 유도하죠. 그래야 은행은 더 많은 돈을 벌 수 있을 테니까요. 참 나빠요, 그렇죠?

일의 노예가 되지 말아요

여러분이 A라는 가정의 일원이라고 상상해 보세요. 여러분의 가족 중에는 '먹보 곰돌이'가 있어요. 아, 먹보 곰돌이에 대해 한 번도 들어 본 적이 없다고요? 이렇게 생겼어요.

먹보 곰돌이는 귀엽고 사랑스러운 모습으로 누구나 행복하게 만들어 주지만 하루에 사과를 한 개씩은 먹어야 살 수 있어요(사실 먹보 곰돌이는 지칠 줄 모르는 내 상상력이 만든 캐릭터예요. 진짜 있는 동물은 아니랍니다). 매일 사과를 한 뭉치 따야 먹보 곰돌이들을 먹여 살릴 수 있죠. 여기서 사과는 여러분의 '소득'이고 먹보 곰돌이는 여러분의 '지출'을 말해요. 여러분의 직업은 이웃집 사과 밭에 가서 사과를 따는 일이죠.

매달 말이 되면 남은 사과가 없을 거예요. 전부 먹보 곰돌이에게 먹였기 때문이죠. 실제 가정에서 번 소득을 식비와 학교 등록금 같은 항목에 지출하면 일어나는 일이에요.

소득

지출

하지만 문제가 하나 있어요. 사과를 매달 전부 먹보 곰돌이에게 먹이는 사람은 늘 월급이 통장을 잠시 스치거나 재난이 닥칠 때 완전히 파산할 수 있다는 점이에요. 매달 많은 돈을 벌어도 자유가 없는 셈이죠. 저는 이런 사람들을 '일의 노예' 혹은 '직업의 노예'라 불러요.

왜냐고요? 이들이 내리는 모든 결정은 돈에 의해 좌지우지되니까요. 이들은 매달 월급을 받아 월급으로 살아요. 일의 노예는 불공정한 대우를 받아도 쉽게 직장을 그만둘 결심을 내리지 못하죠. 일의 노예는 자기가 원하는 일을 하나도 할 수 없어요. 공부를 하기 위해 몇 년간 시간을 낼 수도 없고, 세상을 구하기 위해 봉사 활동을 할 수도 없죠.

　문제는 여러분이 월급을 완전히 통제하지 못한다는 사실이에요. 일의 노예가 되어 버린 사람은 결국 언젠가 문제 상황에 부닥칠 거예요. 갑자기 직장을 잃거나 아파서 일을 못하게 되거나 예상치 못한 비용이 엄청나게 들어가는 큰일이 생길 수도 있으니까요.

　여러분에게 예상치 못한 일이 벌어졌다고 상상해 보세요. 예를 들어, 여러분의 먹보 곰돌이 중 한 녀석이 벌에 쏘여 수의사에게 치료를 받아야 하는 일이 일어났어요. 여러분이 아파서 당분간 사과를 따러 갈 수 없을지도 몰라요. 저축한 돈이 한 푼도 없으니 이웃에게 사과를 빌려 와야 해요. 이것이 바로 빚입니다. 언젠가는 이웃에게 진 빚을 갚아야 해요. 하지만 당장은 갚을 돈이 없어. 지금은 이웃에게 도움을 받았으니 그 사람의 요구 사항을 들어줄 차례예요. 이웃은 말썽만 부리는 자기 반려동물을 여러분에게 입양하라고 요구할 거예요. 그 반려동물은 바로 이자라는 괴물, 이자 몬스터죠. 이제 여러분은 이 괴물에게도 먹이를 줘야 해요.

이웃의 이자 몬스터는 먹보 곰보다 훨씬 더 빨리 자라요. 돈을 갚는 데 오래 걸릴수록 이자 몬스터는 점점 커지고 사과도 더 먹어 댈 거예요. 이웃에게 오랫동안 빚을 갚지 못하면 여러분의 돈은 죄다 이자 몬스터를 먹이는 데 쓰일 거고요. 그러다 보면 여러분의 사랑스러운 먹보 곰돌이를 먹일 사과가 남아나지 않겠죠. 이런 상황을 바로 '빚더미에 앉는다'라고 말해요.

상황은 더 나빠질 수도 있어요. 최악의 경우 월급을 받을 때마다 필요한 물건을 사기도 전에 이자 몬스터에게 사과를 먹여야 하는 상황이 닥치기도 하고요. 여러분은 이전에 산 물건

값을 치르기 위해 갖고 싶은 물건을 하나도 사지 못한다는 뜻이에요.

많은 사람이 이처럼 빚더미 위에서 살고 있어요. 이유는 무궁무진하죠(사실 대부분의 사람들은 애초부터 충분한 돈을 벌지 못하고 있을 수도 있어요). 여러분의 가정도 이런 상황일 수 있고요. 부모님이 여러분에게 용돈을 더 많이 주지 못하는 이유 중 하나가 이것 때문일지도 몰라요. 그건 부모님의 문제예요. 부모님이 여러분에게 이 책을 사 주신 이유는 자식이 부모보다 더 잘해 나가기를 바라시기 때문일 거예요. 그건 여러분의 몫이겠죠.

자산이란 무엇일까요?

지금까지는 현금 유동성에 관해 이야기를 나누었어요. 현금 유동성은 두 가지로 이루어져 있어요.

- **소득**: 들어오는 돈
- **지출**: 나가는 돈

여러분이 알아야 할 미래가 무엇이냐면요, 부자가 되려면 현금 유동성에 대한 생각에서 벗어나 재무 상태표를 생각하기 시작해야 한다는 것이에요.

여러분의 재무 상태표 역시 두 가지로 이루어져 있어요.

• **자산**: 갖고 있는 것
• **부채**: 빚진 것

여러분이 갖고 있는 것과 빚진 것의 차액을 순 자산이라고 해요. 부자는 순 자산이 많아요(어려운 단어가 많이 등장한다는 것 잘 알아요. 하지만 장담하는데, 아주 중요한 단어들이에요. 정말이랍니다!).

부자가 되는 법, 그래서 자유를 누릴 수 있는 방법은 버는 돈보다 적게 쓰고 그 차액을 가져다가 저축하는 일이에요. 저축한 돈은 빚을 줄이거나 자산을 사는 데 쓸 수 있어요.

그런데, 가지고 있다고 다 자산은 아니에요. 자산이란 가진 것 가운데 시간이 지나면 가치가 늘어나거나 여러분에게 돈을 벌어다 주는 것을 가리켜요. 예를 들어, 새 닌텐도는 자산이 아니에요. 몇 해 지나서 그 닌텐도를 팔 때면 여러분이 샀을 때보다 값이 더 떨어져 있을 테니까요.. 어떤 물건(아주 오래된 클래식 자동차 같은 것)은 소유 기간이 길수록 가치가 늘어나요. 여러분이 사진 작가라면 사용하고 있는 카메라가 자산일 수 있어요. 돈을 버는 데 카메라가 톡톡히 도움이 되니까요.

자, 이제 여러분이 기르는 먹보 곰돌이에게 다이어트를 시키기 위해 사과를 줄인다고 해 봅시다. 이제 여러분은 먹보 곰돌이가 먹는 양보다 더 많은 사과를 가지고 있고, 그래서 일부는 저축을 할 수 있게 되었어요. 사과 씨앗을 심어 사과나무로 바꾸는 거예요. 그 사과나무는 '자산'이고, 사과 씨를 심는 일은 '투자'라고 합니다.

곧 여러분의 사과나무에서 사과가 열리기 시작해요. 이야! 며칠 동안 먹을 사과가 생겼군요! 이 사과로 훨씬 더 많은 사과나무를 심을 수 있어요. 결국 여러분은 훨씬 더 많은 먹보 곰돌이를 기를 수 있고 저축도 충분히 할 수 있게 되었죠.

어느 시점에는 더 이상 직접 사과를 따지 않아도 되고, 먹보 곰돌이와 노는 데 나머지 시간을 죄다 써도 되는 순간이 올 거예요. 이렇게 자산을 많이 가진 사람들은 수동적 소득(불로 소득)을 벌어들인다고 해요.

사실 여러분이 저축한 금액이야말로 돈을 불리는 과정 중에서 가장 중요한 요소라고 할 수 있어요. 일단 여러분의 돈이 재무 상태표에 올라오면 그 돈을 불려서 수동적 소득으로 바꾸는 방법은 그렇게 어렵지 않아요.

더 많은 돈을 유지하는 데는 두 가지 방법이 있어요. 돈을 더 많이 벌거나 아니면 돈을 다른 사람보다 더 똑똑하게 쓰는 것이죠. 하지만 얼마나 버는지는 중요하지 않아요. 자산을 늘리는 게 중요하죠. 자산을 늘리면 돈은 자동으로 따라온답니다.

무엇이든 여러분의 자산이 될 수 있어요. 여러분이 사서 읽는 이 책은 제 자산 중 하나랍니다. 저는 이 책을 쓰는 일이 아주 재미있었어요. 제가 쓴 책은 이제 세상으로 나가서 오랫동안 제게 돈을 벌어다 줄 거예요. 여러분이 정말 좋아하는 것이 자산이 될 수 있어요. 여러분이 직접 만든 예술 작품이나 쿠키 같은 것도요.

누가 백만장자가 되고 싶어 할까요?

"문제는 얼마나 버느냐가 아니라 얼마나 보유하고 있느냐 이다."

_투자자들의 투자 지침

자, 그렇다면 누가 백만장자가 되고 싶어 할까요? 아, 이렇게 물어보는 것이 더 낫겠네요. 얼마큼의 월급이 당신을 백만장자로 만들어 줄까요? 500만 원? 아니면 1,000만 원?

여러분이 25살에 170만 원을 월급으로 받기 시작한다고 가정해 봐요(초등학교 신입 교사가 버는 액수 정도의 돈이에요). 여러분이 65세에 은퇴한다면 40년 동안 일을 하는 거예요. 그 시간 동안 빠짐없이 봉급을 받지만 단 한 번도 승진하지 못하고 봉급도 더 커지지 않아요. 그저 40년 동안 매달 170만 원을 받는 거예요. 그러면 여러분은 170만 원이라는 아주 평범한 월급으로 평생 8억 원을 벌어요. 8억 원이면 16만 개의 빅맥을 살 수 있고, 소화 불량은 덤으로 따라오겠죠!

사실 대부분의 사람들은 평생 수억 원을 벌어들여요. 여러분도 아마 그럴 거예요. 그렇다면 왜 사람들은 백만장자가 되지 못하는 걸까요?

(월급이 계속 동일하다고 가정할 경우)

4억 원을 버는 데 걸리는 기간

월급	기간
170만 원	20년
200만 원	17년
300만 원	12년
400만 원	9년
500만 원	7년

간단해요. 돈을 거의 다 써 버리기 때문이죠.

여러분이 25살 때부터 한 달에 170만 원씩 벌고 매달 3분의 1을 저축했다면 여러분은 41살 때 1억 원을 저축한 셈이 돼요.

(단위: 원)

65세까지 저축할 수 있는 액수

월급	5% 저축	10% 저축	20% 저축	30% 저축
170만	40,800,000	81,600,000	163,200,000	244,800,000
200만	48,000,000	96,000,000	192,000,000	288,000,000

300만	72,000,000	144,000,000	288,000,000	432,000,000
400만	96,000,000	192,000,000	384,000,000	576,000,000
500만	120,000,000	240,000,000	480,000,000	720,000,000
600만	144,000,000	288,000,000	576,000,000	1,152,000,000
700만	168,000,000	336,000,000	672,000,000	1,344,000,000

자, 여러분에게 사촌이 있다고 해 봅시다. 사촌은 25살 때 첫 직장을 얻어 한 달에 500만 원을 가뿐히 벌어요. 여러분이 버는 금액의 세 배지만 그중에 저축은 5%만 해요. 사촌이 첫 1억 원을 저축하려면 59세까지 시간이 걸려요. 평생 24억 원을 벌지만 말이에요. 사촌은 그 많은 돈을 쓰면서 즐거운 시간을 보냈을 거예요. 주변 사람들에게 부자처럼 보일 수도 있었겠지요. 하지만 여러분은 저축해서 사촌보다 훨씬 더 빨리 많은 재산을 모을 수 있어요.

'부자'와 '재산이 많은 사람'의 차이를 말해 볼게요.

부자는 많은 돈을 사용하고 좋은 물건을 많이 가지고 있어요. 값비싼 옷과 크고 좋은 차가 있고 집도 근사하죠. 하지만 좋은 것들을 사느라 빚을 졌을 수도 있어요. 좋은 물건들의 '진짜' 주인이 아니라는 뜻이죠. 부자들은 항상 빚 때문에 스트레스가 많아요. 물건 값을 지불할 방법을 걱정하느라 자유를 누리지 못해요. 부자들은 먹여 살릴 먹보 곰돌이가 많지만 엄청나게 큰 이자 몬스터도 돌봐야 하기 때문에 모든 시간을 사과를 따는 데만 써야 해요.

최악은 많은 사람이 자신들의 비용과 지출을 자산이라고 생각한다는 것이죠. 이건 부자들의 잘못이 아니에요. 광고업계에 종사하는 사람들이 자동차 같은 비싼 물건을 '자산'이라고 부르며 사람들을 속이고 있기 때문이에요(사실 자동차는 자산이 아니라 비용과 지출일 뿐이랍니다).

반면에 '재산이 많은 사람'은 돈을 많이 저축해요. 그들은 자기 자신을 위해 그 모든 값비싼 것들을 사지 않기로 선택했죠. 자산을 샀기 때문이에요(먹보 곰돌이를 더 들이지 않고 사과나무를 잔뜩 심은 거죠). 재산이 많은 사람들은 때로 가난해 보일 수도 있어요. 근사한 물건을 소유하고 있지 않으니까요. 하지만 물건은 그 사람이 정말 돈이 많은지 제대로 보여 주지 않아요. 그들의 은행 계좌를 엿봐야죠.

여기서 중요한 점 한 가지, 복리 때문에 여러분이 저축한 돈은 시간이 지나면서 불어나고 불어나고 또 불어나요. 어릴 때

좋은 것을 포기하면 나이가 들어서 더 좋은 것을 많이 가질 수 있죠. 재산이 많은 사람은 쓸 수 있는 돈보다 훨씬 더 많은 돈을 갖게 돼요. 하지만 그러려면 시간이 오래 걸리고 인내가 필요하답니다.

이건 여러분이 정말 잘 이해해야 하는 아주 중요하고도 큰 문제예요.

이 세상에 있는 모든 돈을 다 쓸어 담는다고 해도 저축하지 않으면 부자가 될 수 없어요. 여러분의 월급보다 더 많은 금액을 저축하는 훈련을 함으로써 여러분은 경제적 자유를 얻을 수 있어요. 그 금액이 아무리 적더라도요. 복리의 마법은 여러분이 저축한 돈에 대해서만 일어난답니다.

따라서 나이가 어릴 때 저축하는 법을 배우는 것은 호그와트의 입학 통지서를 받는 것과 같아요. 여러분이 마법사라는 증거니까요. 여러분은 돈으로 마법을 부릴 수 있어요. 정말 멋지지 않나요?

복리 놀이

여러분과 함께 살고 있는 가까운 어른께 복리 놀이를 같이 해 주실 수 있는지 여쭤보세요!

준비물
- 유리병
- 제일 좋아하는 간식(젤리나 땅콩, 아니면 현금도 좋아요.)
- 사인펜(선택 사항이에요.)

조금 유치해 보일 수 있지만 맛있는 간식을 얻을 수 있는 좋은 방법이기도 하잖아요? 자, 이제 어떻게 하는지 방법을 설명할게요.

1. 유리병에 간식 한 개를 넣고 나머지 간식은 어른께 맡기세요(훔쳐 먹지 않겠다는 약속을 받는 것도 잊지 말고요!). 유리병이 '은행 계좌'이고 어른은 '은행' 역할을 맡는 거예요. 상자 속에 간식이 얼마나 있는지 잘 알아 두세요.
2. 은행 역할을 맡은 어른이 유리병의 복리 이자율을 설정해요. 5%나 10%, 50%나 100% 등 아무래도 좋아요. 여러분의 나이와 여러분이 얼마나 많은 간식을 가지고 있는지에 따라 달라질 수 있답니다.
3. 아침마다 어른이 유리병 안에 새 간식을 넣어 줍니다. 상자 안의 간식이 유리병에 다 들어갈 때까지 계속하는 거

예요. 유리병에 간식이 세 개 들어 있고 이자율이 50%라면, 그날 아침 여러분은 간식 한 개 반을 새로 받을 수 있어요.

4. 게임을 시작한 날, 상자 안에 든 간식을 전부 유리병으로 옮기는 데 며칠이 걸릴지 추측해 보세요. 그리고 잊어버리지 않도록 유리병 위에 적어 보세요.

5. 만약 계산을 잘했다면 여러분이 간식을 다 먹으면 돼요! 계산이 틀렸다면 여러분과 같이 게임을 해 주신 어른과 반반 나눠 가지세요.

핵심 정리 노트

✔ 복리는 돈이 헐크처럼 크게 불어나도록 해 줘요.

✔ 복리를 이용해 돈을 버는 데 가장 중요한 요인은 '시간'이에
요. 돈을 오래 남겨 둘수록 액수는 더 커진답니다. 그래서 어
렸을 때 한시라도 빨리 저축을 시작하는 게 좋아요.

✔ 복리는 빚에도 적용돼요. 따라서 빚진 돈을 빨리 갚지 않고
오래 놔둘수록 더 많은 돈을 갚아야 해요.

우리를 둘러싼 세계

누군가의 삶은 더욱 힘들어요

이름이 각각 블루와 제이드인 일란성 쌍둥이가 있다고 생각해 보세요. 블루와 제이드는 같은 유전자를 가지고 태어났어요. 판박이처럼 똑같은 재능과 잠재력을 가졌지요. 하지만 둘은 전혀 다른 인생을 살아가게 될 거예요.

블루와 제이드는 아주 어렸을 때 부모님을 잃고 서로 다른 가정에 입양됩니다. 모두 블루와 제이드를 아주 많이 사랑하지만 두 가정 사이에는 큰 차이가 하나 있어요. 블루의 새 가족은 부유하고 제이드의 가족은 가난한 것이었죠.

이제 블루와 제이드의 인생이 어떻게 달라질지 생각해 봐요.

블루   제이드

블루

- **아주 어릴 때** 블루는 식사를 잘 챙겨 먹었어요. 튼튼하고 건강하게 자라서 공부하고 뛰어놀 에너지가 넘치죠.

- **학교에 들어가면서** 블루는 읽는 법을 배우려 노력하지만 선생님은 블루가 시력이 나쁘다는 것을 발견해요. 부모님은 블루에게 안경을 사 주시고 블루는 곧 읽고 쓰는 법을 배워요. 블루의 집은 책으로 가득 차 있어요. 블루는 독서를 아주 좋아하는 아이로 자란답니다.

- **초등학교는** 블루에겐 정말 기막히게 재미있는 곳이에요! 블루가 다니는 사립 학교는 한 반에 학생들이 많지 않아서 블루는 담임 선생님의 관심을 듬뿍 받을 수 있어요. 방과 후에 블루는 친구들 집에 놀러 가거나 집에서 가정교사 선생님과 시간을 보내요. 집안일은 거들지 않아도 돼요. 블루네 집은 경제적으로 여유로워 가사 일을 도와줄 분이 계시거든요.

- **고등학교에서** 블루는 수학과 씨름해요. 그래서 부모님은 블루에게 수학을 가르칠 과외 선생님을 구해 주셨어요. 블루는 수학 성적이 승승장구하고, 장학금을 받으며 대학교에 입학해요.

- **학교를 졸업한 후** 블루는 아픈 사람들을 돕고 싶어 물리 치료를 공부해요. 부모님은 블루에게 자가용을 사 주시고 생활비도 내 주셔서 블루가 대학교를 졸업할 때 즈음에는 다른 친구들과 다르게 빚이 전혀 없어요.

- **일을 시작할 무렵** 블루는 첫 월급을 받고 신이 나요. 한 달에 500만 원이나 된답니다! 부모님이 사 주신 차도 아직 쌩쌩하고 큰 비용이 나갈 일이 없어 많은 돈을 저축하거나 자산을 사들이는 데 쓰기 시작해요.

제이드

- **아주 어릴 때** 제이드는 성장에 필요한 영양분을 충분히 섭취하지 못해요. 그래서 때때로 배가 고프고 힘이 없어요.

- **학교에 들어가면서** 제이드는 책을 읽으려고 애쓰지만 누구도 제이드의 시력이 나쁘다는 것을 눈치채지 못해요. 제이드는 책을 읽을 수 없어 좌절합니다. 자기는 왜 다른 친구들처럼 쉽게 책을 읽지 못하는지 이해할 수 없어요.

- **초등학교는** 제이드에겐 벅차고 힘든 곳이에요. 담임 선생님은 학생들에게 신경을 많이 쓰려고 노력하시지만 제이드가 다니는 학교는 한 반에 학생 수가 너무 많아 항상 피곤하고 짜증이 나 계세요. 학교가 끝난 후에 제이드는 집에 가서 해야 할 일이 많기 때문에 친구들과 놀거나 방과 후 활동을 할 시간이 별로 없어요.

- **고등학교에서** 제이드는 수학과 씨름해요. 그렇지만 아무도 도와줄 사람이 없어요. 제이드는 최선을 다하지만 대학 입학시험에 통과하지는 못해요.

- **학교를 졸업한 후** 제이드는 아픈 사람들을 돕고 싶다고 생각해요. 대출을 받아 직업 전문학교를 다니면서 간호조무사 자격증을 따요. 학교 다니는 동안 생활비 때문에 끊임없이 아르바이트를 해야 해요. 그래서 제이드는 늘 피곤해요.

- **일을 시작할 무렵** 제이드는 첫 월급을 타서 신이 나요. 한 달에 250만 원이나 되거든요! 하지만 월급 중 많은 액수가 학생 때 진 빚을 갚는 데 쓰여요. 부모님과 동생을 돕느라 집에도 돈을 보내야 하고요. 그런 탓에 제이드의 생활비는 아주 빠듯해요. 그래서 저축할 돈이 하나도 없답니다.

제이드가 블루보다 더 부유해져서 행복하고 편안한 삶을 누리는 일이 아주 불가능하지는 않아요. 하지만 제이드의 출발은 훨씬 더 어려워요. 제이드는 블루보다 몇 배나 더 열심히 일해야 생활 수준을 따라잡을 수 있을 거예요. 둘이 똑같은 능력을 가지고 태어났는데도 말이에요. 끔찍하게 불공평해 보여요. 그렇지 않나요?

블루가 제이드보다 확실히 특권이 많아 보여요. 블루는 재정적 지원을 훨씬 많이 받을 수 있었으니까요. 가정 교사, 좋은 학교, 건강 관리같이 돈으로 살 수 있는 온갖 혜택들 말이지요. 이것들은 게임 속 아이템 같은 거예요. 더 쉽게 승리할 수 있도록 도와주니까요.

특권을 가졌다고 해서 블루가 나쁜 사람이 되는 건 아니에요. 블루가 성공했다고 벌을 받아야 하는 것도 아니죠. 블루가 성공을 위해 열심히 노력하지 않았다는 뜻도 아니에요. 블루는 그저 운이 좋았을 뿐이에요.

앞으로 어떤 세상이 될지는 지금 여러분의 세대에 달려 있어요. 저는 여러분의 세대가 불행한 사람들이 더 적어지는 세상, 아이들이 어떤 가정에서 태어나건 상관없이 모두 동등한 기회를 가질 수 있는 세상을 만들어 주길 바랍니다.

자율학습

여러분이 가지고 있는 특권은 무엇인지, 다음 몇 가지 아이디어를 참고해 생각해 보세요.

- 건강한 것
- 장애가 없는 것
- 나를 돌봐 줄 어른이 계신 것
- 좋은 학교에 다니는 것
- 책을 볼 수 있다는 것

성별 임금 격차

잠시 이 이야기 좀 해 볼게요. 돈이 어떻게 돌아가는지 배우는 일은 왜 여성에게 특히 더 중요할까요? 남녀 간의 임금 격차는 전 세계적인 문제예요. 이런 차별이 벌어지는 이유는 다양하답니다.

1. 여성은 어릴 때부터 다른 종류의 기술을 배워 다른 종류의 직업을 가지라고 독려받는 일이 많아요. 그 직업은 대개 급여가 많지 않은 종류의 것들이에요. 우리는 어린 여자아이들에게는 인형을, 남자아이들에게는 레고를 사 주는 경향이 있어요. 사회에선 아이를 돌보는 사람보다 엔지니어들에게 더 큰 돈을 지불하는 경우가 많고요.

2. 여성은 남성과 같은 일을 해도 급료를 더 적게 받을 때가 있어요. 급료를 책정하는 사람들이 여성은 남성보다 일을 더 못할 거라고 무의식적으로 가정하기 때문이지요. 한편, 어릴 때부터 무조건 단호하기보다 착해야 한다는 식으로 교육을 받는 것은 전혀 도움이 되지 않아요. 받아야 하는 만큼 돈을 정당하게 받겠다고 단호하게 주장할 수 있는 일이 줄어들 테니까요.

3. 여성은 가족을 돌보는 일과 가사 일에서 여전히 큰 몫의 책임을 지고 있어요(생명을 만드는 마법 같은 일도 하고요). 그런데 이 모든 일이 무급 노동으로 이루어져요. 게다가 여성들은 경력 단절 문제를 겪는답니다.

이런 이유로 여성의 급료나 벌이가 남성보다 더 적은 일이 비일비재해요. 그것만으로도 충분히 불리한데, 설상가상으로 여성은 남성보다 지출이 더 많아요.

1. 대체로 여성은 남성보다 평균 수명이 더 길어요(약 7년 정도 더 오래 산다고 합니다). 여성이 은퇴하고 난 후 노년에 의료 비용이 훨씬 더 많이 들어간다는 뜻이죠.
2. 부모가 이혼했을 경우, 어머니가 혼자 아이를 양육하기 쉽지 않아요.
3. 미용과 패션 산업은 여성이 터무니없는 액수의 돈을 매년 '이상적인' 외모를 만드는 데 써야 한다는 분위기를 만들어요. 성소수자일 경우 이런 압박에서 받는 스트레스가 더 심하게 나타날 수도 있어요.

그 외에도 이유는 100가지가 넘지만, 일단 여기까지만 이야기할게요.

여자 친구 여러분, 잠깐 내 말을 들어줄래요? 여러분은 남자들보다 더 오래 살 거예요. 여러분은 노동의 대가로 실제 받아야 하는 금액보다 적게 벌 수도 있어요. 이건 불공평해요. 우리는 여기에 맞서 싸워야 해요.

이런 일이 여러분에게 일어나도록 내버려 두지 마세요. 이 세상에서 여러분 혼자 불평등을 없애거나 몰아내진 못해요.

하지만 여러분 마음속에서는 이러한 편견과 얼마든지 싸울 수 있어요. 사회의 일원으로서 당당하게 자리 잡고 돈과 관련된 문제를 남의 일이라 여기지 마세요.

부자 나라, 가난한 나라

불평등은 한 나라의 내부뿐만 아니라 각 나라들 사이에도 만연해요. 예를 들어, 호주의 1인당 평균 순 자산은 약 2억 원이지만 남아공의 평균 순 자산은 약 300만 원에 불과해요.

가장 큰 이유는 나라마다 경제 상황이 다르다는 것이에요. 어떤 나라에서는 석유와 금 같은 천연자원을 팔아서 부를 이뤄내요(이는 불평등하고 부정부패가 심한 경제 체제를 만들어요). 다른 나라에서는 공장에서 물건을 만들거나 식재료를 재배해서 돈을 벌고, 은행을 경영하거나 웹사이트와 영화를 제작해 부를 창출해요. 나라와 나라 간에는 늘 교역을 하지요. 여러분이 생일 선물 목록에 넣은 아이패드는 아프리카에서 나는 원료를 이용해 중국에 있는 공장에서 만들어져요. 디자인은 미국에서 했고요. A 나라가 B 나라에 파는 양보다 사 오는 양이 더 많을 경우, A 나라는 B 나라보다 점점 더 가난해져요. 이를

'무역 적자'라고 한답니다.

　대부분의 나라는 고유한 화폐가 있어요. 물건을 살 때 사람들이 사용하는 수단을 화폐 또는 통화라고 해요. 통화는 나라마다 가치가 다 달라요. 한국의 화폐 단위인 '원(₩)'은 미국 '달러($)'나 일본 '엔(¥)'과 가치가 달라요. 여기 간단한 사례를 보여 줄게요(화폐의 가치는 시시각각 변해요. 아마 여러분이 책을 읽고 있을 무렵에는 화폐의 가치가 더 높아졌거나 떨어졌을 수도 있어요).

나라	통화	가치
한국	원(WON, ₩)	
미국	달러(USD, $)	1 달러 = 1,307원
영국	파운드(GBP, £)	1 파운드 = 1,601원
중국	위안/인민폐(CNY, ¥)	1 위안 = 190원
일본	엔(JPY, ¥)	1 엔 = 9.8원
유럽 연합	유로(EUR, €)	1 유로 = 1,407원

(2023년 3월 기준)

　여러분이 미국에 사는 친척을 방문한다고 가정해 봐요. 미국에서는 한국 화폐인 원화를 쓸 수 없어요. 따라서 원화를 달러화로 환전해야 하죠. 옛날에는 그런 일을 해 주는 특수한 상점이 많았어요('환전소'라고 불렀답니다). 하지만 지금은 온라인으로 환전을 도와주는 은행이 많아서 앱을 통해 간편하게 환전할 수 있어요. 사용하면 자동으로 환전이 되어 금액이 빠져나가는 카드도 있답니다. 원화를 달러화로 환전할 때 원화에 대해 받는 달러화의 교환 비율을 '환율'이라고 해요.

환율은 계속 바뀌고 있어요. 환율은 여러분의 돈이 다른 나라에서 인정받는 가치에 영향을 끼치죠. 환율이 여러분에게 유리하다면 여러분이 쓰는 원화의 가치가 더 높다는 뜻이에요(원화 강세라고 하죠). 반면 환율이 여러분에게 불리하면 원화의 가치가 떨어지고요(원화 약세라고 하죠). 어느 날은 400달러짜리 아이패드가 원화로 50만 원이었는데, 며칠이 지나면 55만 원이 될 수 있어요.

환율이 수시로 변하는 이유는 여러 가지가 있어요. 그중 하나는 경제 성장률이에요. 경제 성장률은 다른 나라 사람들이 그 나라의 사업에 투자하는 데 영향을 끼쳐요. 정치적 불안도 영향을 미치고요. 다른 나라 사람들이 한 나라의 정치 지도력을 어떻게 보느냐도 영향을 주지요.

일반적으로 통화의 강세는 여러분 나라의 경제가 탄탄하다는 걸 보여줘요. 하지만 그렇지 않을 때도 있어요. 일본은 세계적으로 강한 경제력을 자랑하지만 일본 엔화의 가치는 매우 낮아요. 환율은 참 복잡하죠?

　전 세계 불평등은 현재의 경제 상황에 많은 영향을 받지만, 과거의 경제 상황과도 연관이 있어요. 식민주의 시대가 대표적이에요. 서양의 일부 나라들이 아프리카를 비롯한 제3세계의 약소국을 희생시켜 돈을 벌어들인 적이 있어요. 식민 지배는 200년도 더 전에 일어났던 일인데, 지금쯤이면 그 부에 복리가 붙어 상상조차 하기 힘든 결과가 나왔겠죠?

억만장자란 도대체 무엇일까요?

　나라 간의 불평등과 한 나라 내부의 불평등을 합치면 그건 정말 큰 문제가 돼요. 세계적인 부자들, 즉 억만장자들은 돈이 너무 많아서 그 금액이 얼마나 되는지 가늠하기 어려울 정도예요.

　앞 수업에서 우리는 모두가 백만장자가 될 가능성이 실제로 있는지 이야기했어요. 이 책을 들고 있는 매력 덩어리 여러분이 언젠가 백만장자가 될 수도 있답니다. 게다가 백만장자보다 억만장자가 좀 더 나아 보이지 않나요? 그렇죠?

- 100만은 1,000에다 1,000을 곱한 숫자예요. 0이 여섯 개 죠: 1,000,000
- 10억은 100만에다 1,000을 곱한 숫자예요. 0이 아홉 개죠: 1,000,000,000
- 1조는 10억에다 1,000을 곱한 숫자예요. 0이 12개랍니다: 1,000,000,000,000

문제는 인간의 자그마한 머리로는 이 숫자들이 실제로 얼마나 큰지 이해하지 못한다는 거예요. 일단 손가락과 발가락으로 셀 수 있는 숫자를 넘어가면 큰 숫자는 다른 큰 숫자보다 얼마나 더 큰지 감이 잘 오지 않아요. 100만이라는 숫자는 10억과는 아주 다르죠. 1조는… 그저 미친 숫자랍니다. 1조가 얼마나 큰지 알려고 하면 아마 머리가 터질지도 몰라요.

이 숫자의 차이가 얼마나 되는지 알 수 있는 다른 방법이 있어요.

- 100만 초는 12일이에요.
- 10억 초는 32년이고요.
- 1조 초는 무려 3만 년이에요! 3만 년 전 동굴에 살던 사람은 돌로 도구를 만드는 신기술을 막 발견했답니다.

음, 아니면 여기 또 다른 방법을 볼까요.

- 10억 원을 한국 인구 5,100만 명에게 골고루 나눠 주면 각
  각 20원짜리 동전을 가질 수 있어요.
- 1조 원을 나누면 각각 2만 원씩 가질 수 있어요. 그럼 과자
  를 한 봉지씩 사 먹을 수 있지요!

오늘날 세계 최고 부자는 일론 머스크라는 사람이에요. 미
국 최대 IT 기업 중 하나인 테슬라의 최고 경영자죠. 일론 머스
크는 순 자산이 약 200조 원 가까이 된답니다. 일론 머스크는
혼자서 세계의 기아를 끝장낼 수 있고, 집이 없는 전 세계 사람
들에게 작은 집을 한 채씩 줄 수 있어요. 또, 지구상 모든 나라
에서 볼링장과 극장을 따로 갖출 만큼 큰 대저택을 한 채씩 살
수 있어요.

하지만 이런 부자는 일론 머스크만 있는 건 아니에요. 전 세
계 상위 10%가 가진 부는 전 세계 자산의 75.5%라고 해요. 세
계 최고 부자 85명이 전 세계 빈곤층 인구 35억 명의 총재산
이상의 자산을 독점한다고 하고요. 그리고 세계는 나날이 더
불평등해지고 있어요. 가난하게 태어난 사람이 후천적으로 부
자가 될 수 있는 확률이 점점 낮아지고 있다는 뜻이지요. 부자

가 될 수 있는 최고의 방법은 무엇일까요? 바로 부자로 태어나는 거예요. 다시 말해, 상속 재산이야말로 부자가 되는 데 큰 이점이라는 뜻이에요.

내가 하려는 말의 요지는 이거예요. 여러분이 부자로 태어나지 못했다는 이유로 이 세상의 경제 상황이 여러분에게 불리하게 돌아가는 듯 느껴진다면 그건 현실이 정말로 그렇기 때문이라는 말을 하고 싶어요. 여러분이 여자라면 두 배로 그렇고요. 만약 유색 인종이라면 네 배로 그렇지요(여러분이 부자거나 남자거나 백인으로 태어났다면 이 점을 꼭 유념하세요).

이 책은 여러분이 돈을 똑똑하게 사용할 수 있도록 돕겠지만, 나중에 부자가 된다고 해서 여러분이 다른 사람보다 더 나은 사람임을 의미하는 것은 아니라는 사실을 명심하세요. 가난한 사람을 가난하다는 이유로 비난해서는 안 돼요. 가난한 사람들은 일을 열심히 하지 않거나 똑똑하지 않거나 혹은 돈 관리를 잘하지 못해서 가난한 게 아니에요. 그들이 가난한 이유는 경제 체제가 붕괴되었기 때문이고, 현재 상황이 최상층에 있는 소수의 사람들을 제외하고는 모든 사람에게 불리하게 돌아가고 있기 때문이에요.

우리는 이 녹색 마법과 같은 돈과 건전한 관계를 맺기 위해 할 수 있는 일을 해야 해요. 그리고 우리를 이렇게 취약하게 만들고 많은 사람을 배제하는 시스템을 정확하게 알고 고치려는 노력 역시 멈추어서는 안 되지요.

　세상은 그토록 불평등할 필요가 없어요. 세상을 더 공정하고 평등하게 바꾸기 위해 우리가 할 수 있는 일들이 많답니다. 그건 보충 수업에서 더 이야기할게요.

핵심 정리 노트

✔ 오늘날 우리가 사는 세상은 매우 불평등하고 불공평해요. 우리는 서로 다른 기회를 가지고 태어나며, 어떤 사람들은 성공하기 위해 다른 사람들보다 훨씬 더 열심히 일해야 해요. 그리고 정말 지나칠 정도로 돈이 많은 사람들도 있어요. 그런 사람들을 '억만장자'라고 부르지요.

✔ 우리는 누구나 돈을 더 잘 이해함으로써 성공 가능성을 높일 수 있지만 그렇다고 가난한 사람이 뭔가 잘못했다는 뜻은 아니에요.

✔ 세상은 지금처럼 불평등하지 않아야 해요. 세상을 더 평등하고 공평하게 만드는 일은 여러분 세대의 책임이에요.

두 번째 수업

돈은
어떻게 벌까?

용돈

연습이 완벽을 낳아요

머리로 이해하는 것도 좋지만 여러분이 돈을 실제로 관리해 볼 때 비로소 돈에 대한 규칙을 제대로 배울 수 있을 거예요. 노래 부르기에 관한 책을 많이 읽으면 노래를 잘 부르게 될까요? 그렇지 않습니다(저는 유명한 가수들에 관한 책을 정말 많이 읽었지만 제 노래는 생선 가시가 목에 걸린 고양이의 울음소리 같아요).

그러니 여러분의 수중에 현금이 들어오는 몇 가지 방법을 지금 당장 이야기해 봅시다. 주변 어른들께 '돈'을 공부하기 위해서라고 말씀드릴 수도 있지만, 우리 조금 더 솔직해져요. 전 여러분이 갖고 싶은 물건을 살 수 있도록 저축을 시작할 돈이 있었으면 좋겠어요.

아직 어른이 아니더라도 돈을 벌 수 있는 방법이 세 가지 정도 있어요.

1. **용돈**: 용돈은 여러분이 부모님이나 가까운 어른들께 정기적으로 받는 일정한 금액의 돈일 수도 있고 학교에서 체험 활동을 하거나 친구들과 놀러 갈 때 필요한 만큼 그때그때 받는 돈일 수 있어요.

2. **직접 버는 돈**: 심부름을 하거나 직접 만든 물건을 팔거나 (흔하지는 않지만) 수입이 많은 직업을 갖고 (아역 배우나 사진 촬영 모델이 될 수 있죠!) 돈을 버는 거예요. 이런 일을 '부업'이라고 해요. 왜냐고요? 여러분의 인생에서 지금 나이에 정규직, 즉 주된 직업은 학교에 다니는 것이니까요!

3. **선물**: 어떤 가정이나 문화권에서는 인생에서 중요한 시기나(유대교에서 13세가 되는 성인식, 미국의 16세 생일) 휴일(이슬람교 축일인 이드, 기독교의 크리스마스 등)을 맞이하면 아이들에게 돈을 줘요.

어떤 선물을 받을지는 선물을 받기 전까진 여러분이 알 수

없으니, 우리는 다른 두 가지, 용돈과 부업으로 돈을 버는 방법
에 집중해 볼게요.

행운의 돈

일부 사람들은 어느 날 갑자기 조금 낯선 유형의 돈을 받아
요. 자기 대신 누군가가 투자한 돈 혹은 누군가 사랑하는 사람
이 죽어서 생명 보험에서 받는 돈이나 상속금 같은 것이 있죠.
때로 이런 돈은 '신탁'이라는 방법으로 관리해요. 신탁은 가족
의 돈을 상속받는 사람을 위해 대신 돈을 관리해 주는 방법이
에요. 이 책에서는 이 내용들을 다루지 않을 거예요. 왜냐하면
이건 아주 드문 일인 데다 이런 종류의 돈은 여러분이 능동적
으로 관리하는 돈이 아니니까요.

날갯짓을 배우는 아기 새가 등장하는 자연 다큐멘터리를 본
적이 있나요? 아기 새가 아주 작을 때는 둥지를 떠나지 못하니
어미 새가 벌레를 입에 물고 와서 아기의 입속으로 똑 하고 떨
어트려 줘요. 아기 새가 좀 더 크면 어미 새는 먹이를 둥지에서
조금 떨어진 곳에 놓기 시작하죠. 아기 새가 다리를 이용해 먹
이를 가져가는 법을 배우도록요. 어미 새는 아기에게 날개를
펼치는 법을 가르친 다음 퍼드덕거리는 법도 가르쳐 줘요. 이
모든 과정은 느리고 점진적으로 이루어진답니다. 아기 새들은

조금씩 스스로 생존하는 법을 배워요.

이제 한번 상상해 보세요. 만일 이렇게 조금씩 나는 법을 가르치는 대신, 어미 새가 그저 아기 새가 다 자랄 때까지 매일 먹이를 먹여 준 다음, 어느 날 갑자기 아기 새를 둥지에서 냅다 밀어 버리고 잘 날기만을 바란다면 어떻게 될까요? 끔찍한 일이 벌어지겠죠!

용돈은 여러분이 스스로 돈을 관리하는 연습을 할 수 있는 아주 좋은 방법이에요. 그래야 어느 날 여러분이 독립했을 때 날갯짓하는 법을 배우기도 전에 하늘로 냅다 던져졌다고 느끼지 않을 거예요. 저는 처음 혼자 살게 되었을 때 완전히 바보였고, 음식 살 돈을 첫 2주 동안 레고에 다 써 버려서 배를 채울 돈이 없었던 적이 있어요. 저처럼 하면 안 돼요. 돈에 대한 책임감을 키우는 연습을 해야 해요!

자, 다시 한번 말할게요. 가족마다 상황과 문화가 모두 달라요. 그리고 제가 제안하는 것이 모든 가정 상황에 통하는 것은 아니라는 사실, 명심하세요.

용돈 찬성론

아이들에게 용돈을 주면 좋은 이유는 많아요.

- 연구 결과에 따르면, 용돈을 받는 아이들은 돈을 쓸 때 자기 통제력이 더 강해요. 스스로 돈을 관리하는 연습을 더 많이 했기 때문이에요. 실제 돈을 관리하는 방법은 세 번째 수업에서 이야기하기로 해요.
- 정말 원하는 물건을 사기 위해 돈을 저축하는 습관을 들이는 건 좋은 방법이에요.
- 여러분의 집안 어른들은 이미 여러분에게 돈을 쓰고 있어요. 즉, 이 말은 어른들이 여러분에게 용돈을 준다고 해서 무조건 더 많은 돈이 드는 건 아니라는 뜻이죠. 용돈은 이미 여러분에게 쓰이는 돈의 일부를 여러분 스스로가 통제해도 되느냐의 문제예요.
- 용돈을 받으면 부업을 찾느라 시간을 덜 써도 되니까 학교 공부에 집중할 수 있어요.

용돈 반대론

여러분에게 용돈을 주지 않으려는 어른들에게도 나름의 사정이 있을 수 있어요. 그분들이 용돈을 단호하게 반대하실 경우 어떻게 해야 할지 조금 이따가 이야기해 보죠.

- 여러분의 집안 어른들은 여러분이 돈을 직접 벌어야 한다

고 생각하실 수 있어요. 이건 중요한 인생 교훈이에요(성인이 되면 누구도 여러분에게 용돈을 주지 않을 거예요. 여러분은 일해서 돈을 벌어야 해요). 아니면, 미래에 누군가가 모든 사람이 보편 기본 소득을 지급받는 정책을 만들 수도 있겠죠. 보편 기본 소득이란 성인을 위한 일종의 용돈 같은 거예요. 이 정책 정말 좋아 보이죠?

• 여러분의 가족은 용돈을 줄 만큼 재정 사정이 넉넉하지 않을 수도 있어요.

• 일부 가정에서는 아이들에게 자기 돈을 갖도록 하는 것이 이기심을 키운다고 믿어요. 그래서 가족 구성원이라면 누구나 가족의 돈을 가족 모두의 돈이라고 생각하기도 하죠.

• 여러분의 형, 누나, 언니, 오빠도 용돈을 한 푼도 안 받고 있을 수 있어요. 그런 경우에는 여러분만 용돈을 받는 것은 공정하지 않게 느껴질 수 있죠.

• 집안 어른들은 여러분이 돈을 적절한 곳에 쓰지 않고 낭비할 거라고 걱정하고 계실 수도 있어요.

• 어른들이 어렸을 적에는 용돈을 주고받는 게 흔한 일은 아니었을 거예요. 그래서 그분들에게는 용돈을 주는 일이 낯설고 이상해 보일 수도 있는 거죠.

다양한 유형의 용돈

1. **정기적인 용돈**: 일주일에 한 번 또는 한 달에 한 번 등 일정한 주기로 받는 돈을 말해요.
2. **조건부 용돈**: 집안일을 돕거나 학교에서 좋은 성적을 얻었을 때 받는 특별상처럼 조건을 달성했을 때 받는 돈이에요.
3. **혼합 용돈**: 정기적으로 용돈을 받으면서도 특별히 다른 일을 해 돈을 더 버는 경우를 말해요.

개인적으로 저는 혼합 용돈을 선호해요. 한 달에 한 번 정기적으로 용돈을 받는 것은 돈 관리하는 법을 배우기 시작하는 좋은 방법이거든요. 용돈을 받은 첫날 마트에 가서 온갖 것을 사느라 전부 써 버리지 않도록 속도를 조절하는 법을 배워야 하니까요. 그리고 반려견 산책시키기, 집 앞 마트에 심부름 다녀오기 등 일을 해서 돈을 더 벌 수 있다면 아주 좋을 거예요.

저는 대부분 상황에서 여러분의 편이에요. 약속할게요. 하지만 집에서 평범하고 사소한 일을 하면서 돈을 받아야 한다고는 생각하지 않아요. 예를 들어, 자기 옷을 갠다거나 설거지를 하거나 식탁을 치우는 일 같은 건 돈까지 받아 가면서 할 일은 아니에요. 한 사람(대개는 엄마)이 다른 모든 사람을 위해 온갖 일을 도맡아 하지 않도록 서로 도우며 사는 것은 좋은 가족 구성원이 되는 중요한 요소예요. 게다가 시험을 잘 봐서 돈을 받는 것도 개인적으로는 마음에 들지 않아요. 여러분은 학교에서 공부하는 것에 대해 돈이 아닌 그 이상의 다른 동기 부여가 필요하니까요. 여러분이 정당하게 대가를 요청할 수 있는 일은 어른들이 직접 하고 계신 일이나 다른 사람을 불러 비용을 지불하고 부탁하는 일이라면 좋겠어요. 가령 이삿짐 싸는 것을 돕거나 찬장을 정리하는 일 같은 것 말이죠.

게다가 여러분이 용돈을 받는다면 금액은 매년 늘어나야 할 거예요. 여러분이 감당해야 할 일도 같이 늘어나죠. 어릴 때는 특별한 간식이나 게임 같은 사치품을 사는 정도면 충분해요. 다음번 용돈을 받기 전에 돈을 다 써도 큰 문제가 되지 않지요. 하지만 나이가 들면 외부 활동비나 품위 유지비 명목으로 돈을 써야 하는 일이 늘어나므로 체계적으로 관리하는 연습을 하면 좋아요. 기억하세요. 학교를 졸업하는 날 하늘로 냅다 날아가는 아기 새가 되어서는 안 돼요.

용돈 받기 프로젝트

가장 중요한 점은 어른들께 용돈처럼 무언가 부탁드릴 것이 있을 때는 해야 할 일을 먼저 다 하는 거예요. 숙제 같은 것 말이에요. 대화하기 전에 용돈을 받고 싶은 이유를 말하는 연습을 미리 해 보세요. 용돈을 어떻게 쓸지 구체적으로 계획해야 해요. 어른들이 안 된다고 대답하실 경우를 대비해 다른 대안도 생각해 보고요.

대화를 나눌 가장 적절한 타이밍을 고르세요. 어른들이 스트레스를 받거나 뭔가 서두르거나 바쁘실 때는 가급적 대화를 시작하지 않는 게 좋아요. 문자 메시지처럼 보내 두고 나중에 확인할 수 있는 게 아니니까요.

대화할 시간을 구체적으로 정하는 것이 좋아요. 예를 들어, 아침에 먼저 이렇게 말씀드릴 수 있겠지요. "엄마/아빠/할머니, 오늘 저녁 먹고 이야기를 나눌 수 있을까요? 용돈 문제에 관해 말씀드리고 싶어요"라고요. 갑자기 뜬금없이 용돈 이야기를 꺼낸다고 느끼시지 않게 하는 게 좋아요. 옆 문장을 참고해 보세요.

존경하는 엄마/아빠/할머니/할아버지/삼촌/이모!

제가 요즘 읽고 있는 돈에 관한 책 아시죠? 그 책을 읽다 보니 돈을 직접 관리하는 연습을 해야겠다는 생각이 들었어요. 매달 용돈을 받는 게 좋은 시작이 될 것 같아요.

목표를 위해 돈을 저축하는 연습도 하고 싶어요. 저축 역시 아주 중요한 습관이니까요! 사실 돈을 모아서 사고 싶은 물건이 있어요.

용돈의 10%는 자선 단체에 기부할 생각이에요. 그리고 예산을 세워서 화장품이나 옷을 용돈으로 직접 사고 싶어요.

용돈이 필요한 여러분만의 이유를 말씀드리세요. 용돈이 있으면 돈 버는 일이 아닌 학교 공부에만 집중할 수 있다는 것도 이유가 될 수 있죠. 그 용돈으로 무엇을 하고 싶은지도 덧붙이세요.

그리고 어른들의 의견을 듣고 싶다고 말씀드리세요. 그분들 말씀을 귀 기울여 듣는 것이 중요해요. 만약 어른들이 의구심이 든다고 하시면 왜 그렇게 생각하는지 구체적인 질문을 해 보세요. 오늘 당장 협상에서 이길 필요는 없어요. 이건 장기적인 게임이에요. 첫 대화에서는 중요한 주제를 화두에 올린 것만으로도 충분해요. 다음 대화를 위해 어른들이 하실 수 있는 질문에 관해 좋은 대답을 미리 생각해 둘 수 있으니까요. 결론이 나기까지 이 과정이 아마 두세 번 더 반복될 수 있어요.

다른 대안들을 많이 이야기하는 것도 좋은 생각이에요. 이건 '네'나 '아니오'로 딱 떨어지는 단순한 질문이 아니니까요. 용돈을 받는 방식도 의논해 보세요. 앞에서 이야기 나누었던 것처럼 정기적인 용돈을 받을 것인지, 조건부 또는 혼합 용돈을 받을 것인지 말이에요. 혹시 여러분이 할 수 있는 집안일이 있는지도 여쭤보고요. 그리고 돈 관리도 여러분이 직접 해도 되는지 여쭤보세요. 어른들과 여러분 양쪽을 모두 만족시킬 해결책을 찾아내야 해요. 아마 여러분이 낭비하지 않고 예산을 계속 일정하게 유지할 수만 있다면 동의하실 거예요. 어른들께 여러분이 용돈 관리법을 아주 잘 실천하고 있다는 것을 보여 드릴 수 있다면 더 좋겠죠.

참고로, 이런 말은 삼가는 게 좋아요.

- "다른 친구들은 다 용돈을 받는다고요!"
- "나는 용돈을 받을 권리가 있어요!"
- "제게 용돈을 주셔야만 해요!"

어른들과 재차 이야기를 나누어도 용돈을 주지 않겠다고 하신다면 여러분은 어른들의 의견도 받아들일 수 있어야 해요. 사실 용돈을 아예 받지 못하는 아이들도 많아요. 아동권리헌장에 누구나 용돈을 받아야 한다는 조항이 있는 것도 아니고요. 장담하건대, 여러분을 돌봐 주고 계신 어른들은 지금도 열심히 일해서 가족에게 필요한 것을 구하기 위해 노력하고 계실 거예요. 용돈은 가정의 예산에 아직 없는 것일 수도 있어요. 그것을 존중할 줄 아는 멋진 청소년이 되길 바라요!

만약 용돈을 타지 못한다면?

절대로 겁먹지 말아요! 돈을 챙길 다른 방안들을 찾을 수 있을 테니까요.

- 여러분이 직접 가족의 지출 비용을 관리하는 것을 도와드려도 될지 여쭤보세요. 용돈을 받지 못해도 예산을 계획하는 연습을 할 수 있으니까요. 예를 들어, 집에 반려동물이 있다면 먹이를 사는 일을 직접 책임질 수 있지 않을까요? 일주일 치 식료품 값으로 이 주를 버티는 방법을 생각해

내기 위해 노력할 수 있을까요? 특별한 기념일마다 가족 선물 예산을 짜는 일을 맡아 보는 건 어때요?

- 부업을 찾아봐도 좋아요. 이 이야기는 잠시 후에 할게요.
- 대가족이라면 다른 친척 어른들께 여러분에게 돈을 주고 시킬 만한 특별한 일이 있는지 여쭤보세요.
- 어른들께 목표를 달성할 때까지 저축 금액에 맞춰 보태 주실 수 있는지 여쭤보세요. 가령 여러분이 부업으로 만 원을 벌 때마다 어른들이 만 원을 더 저축해 주시는 거죠.

여러분이 돈을 벌기 위해 할 수 있는 일을 아래에 소개할게요.

- 집 안의 모든 창문 닦기
- 방/창고/베란다에 쌓여 있는 아무도 쓰지 않는 상자들 치우기
- 소파 청소하기
- 자동차 세차하기
- 정원 일, 잔디 깎기나 잡초 뽑기나 나무 심기 같은 일 하기
- 구두 닦기
- 쓰레기통 내부 깨끗이 닦기
- 옷 수선하기

여러분의 친구들이 집에서 용돈을 얼마나 받는지 알고 있나요? 그 사실을 아는 게 도움이 된다고 생각하나요? 왜 그렇죠? 그렇지 않다면 그 이유는 무엇인가요?

핵심 정리 노트

✔ 바로 지금, 돈을 구하고 관리할 방법을 찾는 것이 중요해요. 그래야 나중에 필요한 기술을 연습할 수 있을 테니까요.

✔ 용돈이 필요한 이유와 그렇지 않은 이유 모두 존재해요. 여러분은 어른들과 대화를 나누면서 의견을 조정해야 해요.

✔ 어른들과 용돈 문제에 관해 이야기를 나눌 때는 열린 마음으로 어른들의 걱정과 조언에 귀를 기울여야 해요.

부업의 기술

부업을 시작해 볼까요?

저는 누구에게나 부업이 필요하다고 굳게 믿는 사람이에요. 학교를 다니고 스포츠 활동을 하고 낮잠을 자느라 아무리 바쁘더라도 말이죠. 왜일까요?

- 멋진 새 기술을 배울 수 있어요.
- 여러분이 평생 안정적으로 일을 할 수 있을 거라고 보장할 수 없어요. 이 세상에는 실업자가 참 많아요. 나만이 할 수 있는 일을 찾고 배우는 것이 중요하답니다.
- 사업을 꾸리는 방법과 스스로 동기를 부여하는 방법을 배

울 수 있어요.

- 자기 자신에 대해 깊이 알 기회를 가질 수 있어요. 여러분이 어떤 일을 하면 보람을 느끼고 좋아하는지를요.
- 지금 당장 통장에 돈을 쌓을 수 있는 최고의 방법이에요.

부업을 가진다는 것은 기본적으로 사업가가 된다는 뜻이에요. 사업가나 창업주는 자신만의 사업을 운영해 돈을 버는 사람을 말해요. 보통 물건을 팔거나 서비스를 팔아서 돈을 벌죠. 사업가가 돼서 가장 좋은 점은 여러분이 사장이라는 것, 그 누구도 여러분에게 무엇을 하라고 시키거나 지시하지 않는다는 것이에요.

사업가가 되면 훗날 여러분의 인생에서 무엇을 하든 상관없이 도움이 되는 기술들을 배울 수 있어요. 사업가라는 사람들은 그저 상점을 운영하거나 물건을 발명하는 사람만을 뜻하지 않거든요. 화가나 조각가, 음악가, 배우, 인플루언서, 스포츠 선수… 이들 모두 어떤 의미에서는 사업가니까요.

문제는, 대부분의 사업은 성공할 확률이 극히 낮다는 점이에요. 여러분이 사업을 시작하더라도 망하기 쉽다는 거죠. 그러므로 여러분은 많이 도전해 봐야 해요. 사업을 한다는 것은 정말로 어려운 비디오 게임과 비슷해서 같은 레벨에서 몇 번

이고 도전해 봐야 조금이나마 알 수 있어요. 아무리 똑똑하고 재능이 많아도 마찬가지예요. 아마 어느 정도 성과를 내기 전까지는 한참 동안 실패를 맛보아야 할 거예요. 그래서 지금 청소년기에 사업가가 되어 보는 일이 중요해요. 이 시기에는 실패가 그렇게 큰 문제가 되지 않거든요. 이런저런 일을 시도할 시간이 많고 여러분만의 사업을 운영하면서 중요한 교훈을 많이 배울 수 있어요. 사업이 그리 잘되지 않더라도 여러분을 집에서 쫓아낼 사람은 없으니까요.

여러분이 앞으로 살아가면서 기억해야 할 가장 중요한 교훈 중 하나는 실패해도 괜찮다는 거예요. 실패를 통해 배울 수 있는 게 분명히 있어요. 새로운 일을 시도하고 실패하기를 두려워하지 마세요. 실패 후에도 꾸준하게 나아가는 것은 어려운 일이에요. 하지만 한번 허들을 뛰어넘으면 여러분은 훨씬 더 발전하고 성장할 수 있답니다. 저는 이 교훈을 깨닫는 데 정말 오랜 시간이 걸렸어요. 어렸을 때 실패가 너무 무서워서 제가 확실하게 잘할 수 있는 일만 했거든요. 그래서 체육 시간을 제일 싫어했고 스포츠 활동을 하지 않으려고 온갖 핑계를 댔어요. 아주 많은 시간이 흐른 뒤에야 이미 잘하는 일만 하는 것은 새로운 경험을 할 기회를 놓치고 아주 지루한 사람만 되게 할 뿐이라는 것, 그리고 만족스러운 삶을 향해 나아가는 길을 가로막는 것임을 깨달았어요.

부업 아이디어를 생각해 봅시다!

완벽한 부업을 찾으려면 두 가지 조건을 고려해야 해요.

1. **스스로 잘할 수 있는 일(기술)**: 지금 당장은 잘 못하더라도 잘할 수 있을 때까지 열심히 연습하겠다는 의지를 가져야 해요. 그러려면 최소한 그 일이 조금이라도 재미있다고 느껴야겠죠.
2. **사람들이 원하는 일(가치)**: 다른 사람들이 여러분의 사업 아이템에 돈을 낼 만큼 가치가 있다고 생각하고 관심을 가질 수 있어야 해요.

1단계 기술과 흥미

여기서부터 출발해 볼까요? 아래의 목록을 읽고 여러분이 할 수 있는 일에 체크하세요. 아니면 흥미가 있거나 배워 보고 싶은 일도 좋아요.

서비스

☐ 세차 같은 집안일 (이웃을 위해 할 수 있을지 생각해 봐요.)

- ☐ 자전거 대여, 수리
- ☐ 할아버지, 할머니가 전자 기기를 사용하실 수 있도록 보조하기
- ☐ 다림질
- ☐ 특별한 가족 기념일에 파티 준비하기
- ☐ 반려동물을 돌보거나 산책시키기
- ☐ 기초적인 웹사이트 제작 (윅스Wix, 스퀘어스페이스Squarespace나 워드프레스Wordpress 같은 온라인 서비스를 이용할 수 있어요.)
- ☐ 사진이나 비디오 편집
- ☐ 과외 (온라인으로도 가능해요.)
- ☐ 그래픽 디자인: 포스터 제작, 소셜 미디어 글 게시나 로고 만들기 (오버Over와 캔바Canva 같은 앱을 이용하면 쉽게 할 수 있어요.)

여러분이 이미 가지고 있거나 가지고 싶은 다른 기술을 생각해 보세요.

요즘에는 온라인에서 다양한 기술을 쉽게 배울 수 있어요. 무엇을 해야 할지 잘 모르겠다면, 인터넷을 한번 둘러보는 걸 추천해요.

물건

☐ 직접 뜨개질한 모자나 목도리

☐ 직접 구운 빵이나 쿠키

☐ 문구류(스티커, 노트 등)

☐ 직접 제작한 티셔츠/모자/후드 티

☐ 토종 식물 묘목

☐ 더 이상 입지 않아서 리폼한 옷

☐ 재활용 재료로 만든 공예품

☐ 기타 물품

※ 가족들에게 쓰지 않는 물건을 온라인이나 중고 시장에 팔아도 되는지 물어보세요(꼭 먼저 물어봐야 해요. 동생이나 형의 운동화를 말도 하지 않고 팔아 버리면 무슨 일이 벌어질지 몰라요!).

수익성이 있는 부업을 찾기까지 여러 가지 다양한 시도를 해야 할 거예요. 용기 있고 대담한 사업가가 되세요. 실패도 모험의 일부라는 사실을 꼭 기억하길 바랍니다!

2단계 **사람들은 여러분이 무엇을 팔면 돈을 지불할까요?**

흥미로워 보이는 것들을 알아냈나요? 좋아요, 이제 목록을 다시 쭉 훑어 보세요. 이번에는 목록에 있는 물건 중 무엇이 사람들에게 돈을 받고 팔 수 있을 만한 것인지 생각해 봅시다.

'상품화'할 수 있는 물건에 초점을 맞춰 보세요. 상품화란 '다시 팔고 또 팔 수 있는 물건'을 아주 근사하게, 비즈니스 같은 느낌이 들도록 말하는 방법이랍니다. 한 번에 100개의 서로 다른 티셔츠를 파는 것보다 똑같은 티셔츠를 100번 파는 게 훨씬 쉬워요. 다른 웹사이트 세 개를 만드는 것보다 비슷한 웹사이트 세 개를 만드는 것이 훨씬 쉽고요.

가장 팔기 쉬울 것 같은 세 가지 선택지를 찾아보고 그 아이템에 집중하세요.

베이비시터 일을 시작할 수 있는 최적의 나이

아이를 돌봐 주는 일은 10대 청소년들이 시작하기 쉽고 가장 잘할 수 있는 일이에요. 여러분이 혼자서 스스로 다른 사람을 돌볼 정도로 많이 자랐을 테니까요. 혹시 그거 아니요? 어린아이들이 아주 무시무시할 수 있다는 거요. 어떻게 그 자그마한 몸에서 그렇게 많은 침이 한도 끝도 없이 나오는 걸까요? 베이비시터 일을 시도할 생각이라면 응급 처치법을 먼저 숙지해 둬야 해요. 혹시 모를 사고에 대비하고 책임감 있게 일을 할 수 있도록요.

종이접기, 그림 그리기, 보드게임 하기 등 아이들과 실내에서 할 수 있는 일이라면 집에 계시는 다른 어른들에게 도움을 구할 수도 있어요.

인플루언서로 사는 삶

여러분도 들어 봤을 거예요. 수백만 명의 팔로워가 있는 SNS 인플루언서가 된 친구들의 이야기를요. 정말 이상적인 부업처럼 보이죠. 그렇지 않나요? 좋아하는 것에 관해 이야기하면서 그 모습을 촬영하면 돈이 들어온다니!

하지만 불행하게도 현실은 늘 그렇게 아름답지만은 않아요. 인플루언서의 삶은 위험할 수 있어요. 사람들은 온라인상에서 괴롭힘을 당하고 때로는 실제 스토킹으로 이어지기까지 해요. 세상에는 이런 오싹한 일이 많이 일어난답니다.

게다가 경쟁이 정말 심해요. 인플루언서들은 콘텐츠 제작에 많은 시간과 노력을 들여요. 콘텐츠를 만드는 일은 즐겁죠. 저 역시 그동안 팟캐스트나 유튜브, 블로그를 했거든요(그리고 무려 0원을 벌었답니다). 이런 콘텐츠 제작은 재미있는 취미가 될 수 있지만 이 일로 백만장자가 되리라 섣불리 기대하면 안 돼요. 어떤 일이든 리스크가 있는 법이랍니다.

그래도 여러분이 이 일을 꼭 해 보고 싶다면 행운을 빌게요.

하지만 어른들에게 여러분이 무슨 일을 하고 있는지 꼭 알려 드리세요. 또 한 가지, 온라인상에 사적인 정보는 절대로 공개 해서는 안 돼요.

상품의 가격은 어떻게 정해야 할까요?

'이윤'이란 여러분이 벌어들인 돈에서 들어가는 비용을 뺀 돈의 액수를 말해요.

여러분이 하나에 5,000원인 브라우니를 판매하는 부업을 한다고 생각해 보세요. 브라우니 하나에 들어가는 재료값을 2,000원이라고 한다면 개당 3,000원을 이윤이라고 할 수 있 어요.

하지만 들어가는 비용에는 그것 말고도 더 있어요. 친하게 지내던 이웃집 대학생 언니 또는 누나가 브라우니를 자기 친 구들에게 가져가서 대신 팔아 주겠다고 제안했어요. 대신 몇 개를 팔든 상관없이 수수료로 30,000원을 달라고 요구하는 것 아니겠어요! 자, 이제 브라우니를 팔아서 이윤을 내려면 브 라우니를 몇 개나 팔아야 할까요? (이 사례에서는 30,000원을 5,000원으로 나누면 6이니까, 브라우니를 6개보다 많이 팔아야 이윤을 낼 수 있겠죠?)

그 외의 비용도 살펴봅시다. 이웃을 위해 세차를 하고 싶다면 여러분이 쓸 세제와 양동이는 어떻게 구할 수 있을까요? 여러분이 들이는 시간도 비용이라고 생각해야 해요. 30,000원을 벌기 위해 다섯 시간을 써야 한다면 그건 이윤이 크게 나는 부업은 아니에요. 그 귀중한 시간에 여러분이 사는 지역의 다람쥐들과 도토리 찾기 놀이처럼 훨씬 더 재미있는 일을 할 수 있을 테니까요.

이제 부업 아이디어로 다시 돌아가서 어떤 일을 해야 이윤을 얻을 수 있을지 생각해 볼까요? 그저 생각만 하지 말고 계산기랑 펜이랑 종이를 가져오세요. 그런 다음 이윤을 남기려면 여러분의 상품을 얼마나 팔아야 할지 계산해 봐요.

자율학습

다음 연습을 해 봅시다. 어떻게 해야 이윤을 얻을 수 있을까요?

1. 상품이나 서비스를 만드는 데 비용이 얼마나 들까?
2. 상품이나 서비스를 얼마에 팔까?
3. 이윤을 계산해 보자.

가격

여러분의 상품이나 서비스에 가격을 얼마를 매겨야 적절할지 알아보는 가장 좋은 방법은 다른 비슷한 상품이나 서비스의 가격을 조사하는 거예요(여러분이 상품이나 서비스를 팔고 싶은 곳과 같은 장소라면 더 좋겠죠).

다른 상품이나 서비스와 비교해서 여러분이 더 큰 편리함을 제공한다면 약간 더 높은 가격을 매겨도 괜찮아요. 가령 거대한 스포츠 경기장에서 관람객들에게 직접 과자를 파는데, 경기장 밖 상점에서 파는 것보다 500원 더 비싸게 판다고 생각해 보자고요. 사람들은 아마 그 정도는 감수하고 기꺼이 과자를 사 먹을 거예요. 과자가 바로 눈앞에 있으니까요. 그럼 상점까지 가느라 게임을 놓칠 일도 없겠죠.

그러니 다른 사람들이 같은 상품을 얼마에 판매하는지 조사해 보세요. 만약 물건이 아니라 서비스를 제공하고 싶다면 파티 준비하기나 반려견 산책시키기, 심부름을 대신 하기의 비용이 얼마나 되는지 주변에 알아보세요. 가족이나 친구들에게도 물어보고요. 도서관이나 지역 상점 커뮤니티 글을 찾아봐도 좋겠죠. 이러한 방법을 통해 비슷한 상품이나 서비스가 얼마에 제공되고 있는지 찾아보세요.

2단계 | 비용

여러분의 부업에 들어갈 비용을 전부 적어 보세요. 다음과 같은 것들이 포함되어야 해요.

- 재료, 원료, 도구나 장비
- 홍보비(인터넷 광고나 포스터 같이 사업을 알리는 데 쓰이는 비용)
- 운반

위 비용이 얼마나 될지 가늠해 보세요. 원료를 더 저렴하게 구매해서 (단, 품질을 떨어뜨리지 않고) 돈을 절약할 수 있다면 좋겠죠. 여기저기 돌아다니면서 어디가 가장 저렴한지 알아보세요. 비용이 적어질수록 이윤은 많아진답니다.

3단계 | 이윤

가격과 비용의 차이를 계산하세요. 그것이 여러분이 얻을 이윤이에요.

가격 − 비용 = 이윤

유념해야 할 점은, 이윤의 크기가 여러분의 시간을 들여 그 부업을 할 만한 가치가 있는지를 알려 주는 유일한 척도는 아니라는 점이에요. 저는 20대에 9시에서 6시까지 일하는 정규직보다 웨이트리스 일을 하면서 더 많은 돈을 벌었어요. 하지만 전 알고 있었어요. 정규직 일이 언젠가 내 시간을 더 가치 있게 쓰는 방법을 가르쳐 줄 거라고요. 부업이 여러분에게 의미 있는 기술을 가르쳐 준다면 고민하지 말고 시작하세요. 비록 지금 당장 그 일로 많은 돈을 벌 수 없다고 하더라도요.

크게 생각해요

부업의 이윤을 늘릴 똑똑한 방법은 규모를 키워 생각하는 거예요. 팔 물건이나 서비스가 많아질수록 값은 더 저렴해지니까요.

사례를 들어 볼게요. 여러분이 다양한 모양의 케이크를 만들어 파는 부업을 시작한다고 해 볼까요? 개당 30,000원을 받을 생각이고요. 케이크 하나를 만드는 데 들어가는 재료는 다음과 같아요(아래 재료는 예시일 뿐이에요. 이대로 만들었다가는 어떤 맛이 날지 아무도 몰라요. 무슨 말인지 알죠?).

- 밀가루 120g

- 설탕 120g

- 버터 120g

- 계란 2개

문제는 가까운 상점에서 120g짜리 밀가루를 살 수 없다는 거예요. 보통 밀가루는 500g, 1kg 단위로 팔거든요. 다른 재료도 마찬가지죠.

케이크 1개		
필요한 재료	실제 구매할 수 있는 재료	비용
밀가루 120g	밀가루 500g	3,000원
설탕 120g	설탕 500g	2,000원
버터 120g	버터 450g	8,000원
계란 2개	계란 10개	10,000원
총액		23,000원

따라서 케이크 한 개를 만드는 데 들어가는 비용은 23,000원 이에요. 만일 그 케이크 한 개를 20,000원에 팔면 여러분은 3,000원의 손해를 보는 거예요. 하지만 남은 재료로 케이크를 두 개는 더 만들 수 있어요. 그러니 케이크 세 개를 만들 때

한 개의 비용은 23,000원 ÷ 3 ≒ 7,700원이 되는 거예요. 이윤은 60,000원 - 23,000원 = 37,000원이 되는 거고요. 어때요, 훨씬 낫죠?

만약 사업 규모를 더 키운다면 어떨까요? 케이크를 20개 만들고 싶다면 재료를 대량 구매하는 게 훨씬 더 이득일 거예요. 아래 가격을 계산했어요. 기준은 시중에 판매되는 제품들의 평균 가격이에요.

케이크 20개		
필요한 재료	실제 구매할 수 있는 재료	비용
밀가루 120g × 20 = 2.4kg	밀가루 2.5kg	5,000원
설탕 120g × 20 = 2.4kg	설탕 3kg	4,000원
버터 120g × 20 = 2.4kg	버터 2.5kg	40,000원
계란 2개 × 20 = 40개	계란 40개	20,000원
총액		69,000원

위와 같이 케이크 20개를 만들려면 69,000원이 필요해요. 케이크 한 개 비용은 3,450원이 되죠. 여러분은 케이크 20개를 팔아 331,000원을 이윤으로 남길 수 있어요.

규모를 키우는 것은 서비스에도 적용돼요. 같은 시간 일을 하고 더 많은 고객에게 돈을 받을 수 있다면 버는 금액은 금방 불어날 거예요. 예를 들어, 5세 꼬마들을 위한 체험 이벤트를 준비하는 데 20,000원을 받고 아이가 한 명만 있다면 버는 돈은 20,000원뿐일 거예요. 세 명을 데려오면 같은 시간에 60,000원을 벌 수 있죠. 이것이 바로 부업으로 똑똑하게 돈을 벌기 시작하는 방법이랍니다.

부가 가치

사업가가 된다는 것은 여러분이 돈 개념에 관해 실제로 배울 수 있는 좋은 기회랍니다. 이자 외에 돈을 늘리는 또 하나의 방법은 가치를 늘리는 것인데요. 비용보다 가치가 더 큰 것을 만든다는 뜻이죠. 케이크는 들어간 재료보다 가치가 커요. 뭔가에 가치를 부가할 수 있다면 여러분은 말 그대로 돈을 만드는 셈이에요. 이걸 꼭 기억하세요!

고객을 찾아요

가장 멋진 이모티콘 케이크도, 반려견 산책 서비스도, 브라우니도 구매할 고객을 찾지 못하면 아무 가치도 없어요. 여기서는 고객을 찾을 수 있는 두 가지 방법을 소개할게요.

고객을 찾아가기

- 멀리 가지 말고 여러분의 동네에서 사업을 시작하세요. 가끔 동네에서 열리는 벼룩시장에 참여할 수도 있고요. 친구들이나 이웃으로부터 여러분이 파는 물건이 어떠한지 솔직하게 의견을 들을 수 있는 좋은 기회랍니다(최대한 솔직하게 말해 달라고 부탁해 보세요. 나중에 알게 되는 것보다 빨리 아는 편이 더 낫거든요).

- 여러분의 경험을 적극적으로 지원할 시장이나 지역 이벤트, 행사 등을 찾아보세요.

- 가까운 어른이 사업을 운영하고 계신다면(특히, 상점을 운영하신다면) 여러분의 물건을 그곳에서 팔아도 될지 여쭤보세요(하지만 그분에게 별 이득이 되지 않을 경우 '안 돼'라는 대답을 들을 각오도 해야 해요). 관련 사업을 하는 분이라면 좋은 성과를 거둘 수 있을지도 몰라요. 제 친구는 커피 로스팅 사업을 하고 있어요. 밴에서 커피를 팔죠. 친구 아들은 여섯 살 때부터 그 밴에서 수제 비스킷을 팔았어요. 그 아들은 지금 열여섯 살이랍니다.

- 운반도 고려해야 해요. 아무 곳이나 갈 수는 없으니까요. 대신 주변 사람들에게 부탁해 보세요. 머핀을 만들어서 엄마나 아빠의 직장 동료분들께 팔 수도 있고, 할머니가 정

기적으로 만나시는 모임 친구분들께 팔 수도 있겠죠.

고객을 데려오기

• SNS에서 가까운 곳에 사는 친구들을 찾아보고 여러분이 제공하는 제품을 알려 주세요.

• 팸플릿이나 포스터를 제작해 홍보하는 건 어떨까요? 캔바 Canva 같은 간단한 디자인 편집기를 활용하면 아주 쉽고 근사한 마케팅 홍보물을 만들 수 있어요. 카드 같은 제품을 디자인할 수도 있고요. 공원이나 학교 등 공공장소에 포스터를 붙여 놓으려면 허가를 받아야 하지만, 상점이나 도서관은 대부분 광고물을 게시할 수 있는 공공 게시판이 있어요. 상품 비용에 인쇄 비용을 추가하는 것 잊지 마시고요!

• 홍보용 샘플을 따로 만들어 두세요. 지역 상점에 여러분이 만든 브라우니를 맛볼 수 있게 시식용으로 작게 잘라 두어도 좋고, 여러분이 어린 동생들에게 재미있는 이야기를 읽어 주는 영상을 녹화해 소셜미디어 계정에 소개해도 좋습니다.

• 서비스를 제공하고 있다면 사업 초기에는 모든 고객의 후기를 받아 두는 것이 좋아요. 사람들에게 편하게 물어보세요. 대부분은 흔쾌히 도와줄 거예요. 나중에 이런 후기들

이 도움이 될 때가 있거든요.

• 첫 손님들에게 여러분을 다른 사람들에게 소개해 달라고 부탁해 보세요. 만약 손님들이 소개하는 걸 꺼린다면 여러분이 하는 부업은 여러분에게 맞지 않는 것일 수 있지만 뭐, 그러면 어때요. 다음 선택지로 넘어가면 되죠.

• 요즘은 스퀘어스페이스Squarespace나 윅스Wix 같은 프로그램을 이용하면 웹사이트를 쉽고 빠르게 제작할 수 있어요. 사업 물품이 마련되면 사이트를 제작해 후기를 모두 올려 보세요(이 일을 잘한다면 사람들이 여러분에게 웹사이트 제작을 돈 주고 맡길 수도 있으니 부업이 하나 더 생기는 셈이죠).

• 일단 사업을 시작할 준비가 되었다면 온라인 마케팅 무료 강좌를 찾아보세요. 구글 애즈Google Ads는 좋은 출발점이지만 인스타그램 같은 SNS도 여러분의 제품을 홍보할 수 있는 좋은 공간이 된답니다. 자, 이제 여러분의 사랑스러운 물건을 팔아 볼까요!

사람들에게 제품과 판매자에 관해 말하기

여러분은 아마 어려서부터 낯선 사람과 말하면 절대로 안 된다고 배웠을 거예요. 글쎄요, 여러분이 부업을 시작하려면 이제부터는 정말 낯선 사람에게 말을 걸고 이야기하는 법을 배워야 해요. 어떤 사업을 하든지 사람들에게 친근하고 관심이 있다는 걸 보여 주는 것이 정말 중요해요. 이건 살아가면서 갖추어야 할 훌륭한 능력이기도 하고요. 대체로 그렇답니다.

누군가를 만나면 인사를 하고 이름을 말하면서 자기소개를 꼭 하세요. 이때 웃으며 예의를 갖춘 태도를 보여 주세요. 여러분의 제품에 관해 이야기해도 되는지 허락을 구하고요. 다른 일을 하느라 바쁜 사람에게 무작정 상품을 홍보하는 건 무례한 행동이랍니다.

제품이나 서비스를 판매한다면 사람들에게 팔기 전에 먼저 말할 것을 생각해 두세요. 여러분의 실험 대상이 될 사람이라면 누구든 붙잡고 상품 소개 연습을 해 보세요.

사람들을 돕는 것에 관심을 가져야 해요. 진심으로요. 그러면 사람들이 무엇을 필요로 하는지 알 수 있답니다. 사람들이 여러분에게 없는 것을 찾는데도 여러분의 상품을 '강매'하려고 해서는 안 돼요. 오히려 그들이 원하는 것을 찾을 수 있도록 도와주세요(만약 여러분이 할 수만 있다면요). 그리고 그들이 좋은 하루를 보내도록 빌어 주세요.

위험을 피해요

부업 아이디어를 실행하기 전에 주변 어른들께 먼저 의논해야 해요. 어른들은 문제가 될 여지가 있는 부분을 먼저 찾아서 안전하게 일할 방법을 같이 고민해 주실 수도 있으니까요. 여러분이 처한 상황은 전부 다르기 때문에 제가 모두에게 맞는 한 가지 방법을 말할 순 없어요. 하지만 여러분은 누가 여러분을 도와줄 수 있는지 각자 알고 있죠? 바로 주변 어른들이랍니다!

특히 집안 어른들은 여러분이 생각하지 못한 문제점을 잡아내고 어떻게 해결할지 방안을 찾아 주실 수도 있어요. 예를 들어, 여러분이 산책시키고 있는 개를 다른 집의 개가 공격할 경우 어떻게 해야 하는지 미리 대비할 수 있어요. 서비스를 제공하는 경우 계약 조건이나 조항에 관해 함께 상의할 수도 있겠죠('개가 잘못을 저지르면 개 주인이 책임을 진다'와 같은 것을요).

생각해야 할 또 다른 중요한 것들이 있어요. 홍보할 때 여러분의 개인 정보를 함부로 말해선 안 돼요. 물건을 넘겨주거나 서비스를 마치기 전에 먼저 정산할 것을 고려해 보세요(최소한 액수의 절반이라도 먼저 달라고 할 수도 있어요). 선불을 요구하는 거죠. 주변 어른들께 고객을 처음 만나러 가는 자리에

동행해 달라고 부탁하세요. 혹시나 의심스러운 사람들은 아닐지 조심, 또 조심하는 것이 좋아요. 그리고 늘 자신의 직감을 믿으세요!

공돈 같은 건 없어요

부업을 찾고 있다면 사기를 조심해야 해요. 가장 흔한 종류의 사기는 피라미드 수법이에요.

피라미드 사기는 다음과 같이 이루어져요.

1. 일정액의 돈을 집어넣어 사업에 가입해요.
2. 사업에 가입한 사람은 다른 사람을 사업에 가입시키라는 지령을 받아요. 새로운 가입자들도 모두 돈을 내고 가입해요.
3. 새로운 가입자가 돈을 내면 기존에 가입한 사람은 그 돈의 일부를 받아요. 대부분은 여러분을 끌어들인 사람, 또 그 사람을 끌어들인 사람, 그런 식으로 계속되는 거예요.

다시 말해 이런 사업은 늘 새로운 가입자를 끌어들여야만 돈을 벌어요. 이런 사업은 결국 언젠가 무너질 거예요. 더 이상 끌어들일 사람이 없기 때문이에요. 피라미드 사업이 빨리 커질수록 위험이 커지는 속도도 빨라져요. 피라미드 꼭대기에 있는 사람은 큰돈을 벌겠죠. 하지만 대부분의 사람은 거의 전부를 잃고 말아요.

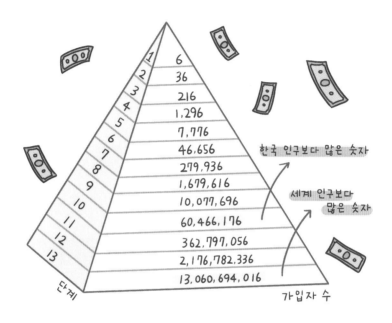

불법 다단계 판매는 브랜드 전략이 더 좋은 피라미드 수법에 불과해요. 이들은 제품을 파는 척해서 자신들의 진짜 의도를 감춰요. 하지만 여러분의 짐작대로 이 사람들이 파는 것은 '사업 기회', 즉 다른 사람들에게 그 제품을 팔 사업 기회를 또 파는 거예요. 그렇다면 여러분은 궁금증이 생기겠죠. 실제로 제품을 사는 사람은 누구지? 다른 사람에게 제품을 팔기 위해 제품을 사고, 또 다른 사람들에게 팔고, 사고팔고… 이제 무엇이 문제인지 알겠죠?

이런 일은 범죄와 다르지 않아요. 무슨 일이 있어도 피해야 할 사기랍니다.

사기를 피하는 데 도움이 되는 중요한 규칙이 하나 있어요. 진짜라기에 너무 좋아 보인다면 일단 의심하는 것이 좋아요. 다음에 소개하는 내용을 참고하세요.

- 사기 치는 사람들은 비트코인처럼 복잡한 지불 방법을 고수해요. 이건 대개 그 사람들의 은행 계좌가 동결되었기 때문이에요.
- 이들의 사업 모델에 관해 질문을 던지면 명확한 대답을 얻기가 힘들어요.
- 사기 치는 사람들은 여러분에게 제품을 팔면서 그 제품을 파는 일을 해 볼 생각이 없는지 계속 설득하려고 해요.

사기인지 아닌지 확신이 들지 않는다면 국가 기관의 도움을 받을 수 있어요. 여러분이 한국에 살고 있다면 '공정거래위원회(ftc.go.kr)' '한국특수판매공제조합(kossa.or.kr)' '직접판매공제조합(macco.or.kr)'에서 다단계 판매 사업자 정보를 열람할 수 있어요.

계획을 세워요

실행으로 옮기기 위해 구체적인 계획을 함께 세우면서 이 장에서 배운 것들을 정리해 볼까요? 기본적으로 활용할 수 있는 사업 계획을 소개할게요. 부업을 시작할 계획이라면 한번 참고하세요.

나의 사업 아이템(상품/서비스)은 무엇인가?	
비용	가격과 이윤
· 필요한 원료, 재료, 장비는 무엇일까? · 원료, 재료, 장비를 어디서 구입할까? · 비용은 얼마나 들까?	· 제품 한 개(서비스 한 건)당 가격은 얼마를 매길까? · 이윤을 내려면 얼마나 많은 양을 팔아야 할까? · 이익을 더 내기 위해 사업 규모를 키울 방법이 있을까? · 부업이 성공했는지 여부를 어떻게 결정할까?
계획	
· 고객을 어떻게 찾을까? · 필요한 시간은 얼마나 될까? · 비용과 이익을 어떻게 유지할까? · 그다음에 해야 할 일은 무엇일까?	

부업에 매기는 세금

'소득세'란 벌어들이는 금액 일부 중에서 정부에 내는 돈을 말해요. 1년 수입이 일정 금액 이하라면 소득세를 내지 않아도 돼요. 여러분이 그렇게 많은 돈을 벌 것 같지는 않군요.

만일 그렇게 번다면, 쉿, 좋아요. 제가 여러분에게 가르쳐 줄게 하나도 없을 것 같네요.

핵심 정리 노트

✔ 누구든 부업을 한번 해 보면 좋아요. 성인이 되면 인생에서 최소한 한 번쯤은 자기 사업을 하고 싶거나 실제로 하는 때가 있을 테니까요. 지금이야말로 이런 일을 실천할 수 있는 최적 기랍니다. 실패가 문제가 되지 않으니까요.

✔ 최고의 부업은 여러분이 가지고 있는 독특하고 창의적인 기술을 이용하거나 여러분이 가지고 싶은 기술을 개발하도록 도와주는 일이에요.

✔ 이윤을 늘리려면 더 저렴한 재료와 원료를 찾아내거나 비용을 줄이기 위해 사업 규모를 확장해야 해요.

✔ 무엇보다도 안전이 가장 중요하다는 것 잊지 마세요!

미래의 직업

나는 자라서 무엇이 되고 싶은 걸까요?

제가 세상에서 가장 이상하다고 생각하는 질문은 '커서 뭐가 되고 싶어요?'라는 질문이에요. 왜 무엇을 '하고' 싶은지가 아니라 무엇이 '되고' 싶은지 먼저 대답해야 할까요? (그럼 나는 '촉수가 12개에 레이저 눈알이 달린 우주 괴물이 되고 싶어요'라고 대답해도 될까요?) 여러분은 살아가는 과정에서 무수하게 다양한 존재가 될 거예요. 부모, 자식, 친구, 형제는 물론이고, 한 국가의 국민이자 여러 공동체의 구성원이 되겠죠. 예술가가 되거나 운동선수가 될 수도 있어요. 아마 누군가의 고용인이 될 수도 있고 누군가의 고용주가 될 수도 있겠죠. 활동가가 될 수도 있어요. 누군가의 영웅, 선생님, 범죄 파트너가 될 수도 있을 거고요. 나태하기 짝이 없는 게으름뱅이가 될 때도 있을 거예요. 사람들이 이런 질문을 할 때는 여러분의 다양한 모습 중 한 측면인 '직업'만 고려할 뿐이에요. 참 이상하죠.

사실 직업을 묻는 질문도 이상하긴 마찬가지예요. 대부분의 사람은 살면서 여러 직업을 갖게 되니까요. 특히 여러분 세대는 더욱 그렇겠죠.

사람들은 이 질문을 마치 학교를 졸업하고 '다 크면' 일생에 딱 한 번 대답하고 끝낼 질문인 것처럼 물어요. 실제로는 그렇지 않아요. 직업에 대한 질문은 여러분이 죽을 때까지 매일 대답해야 할 수도 있는 질문이랍니다.

그러니 제 조언을 들어 보세요. 다 크면 무엇이 '되고' 싶은지 생각하느라 스트레스 받지 마세요. 여러분의 기량을 갈고 닦는 데 집중하세요. 여러분이 할 수 있는 일에 초점을 맞추세요. 여러분이 좋아하는 일을 찾아서 그 일을 잘하게 될 때까지 연습하세요. 그 기술이 흔하지 않다면 더더욱 좋겠지요.

기술이 가진 재미있는 점은 온갖 종류의 환경에서 다양한 경험을 해 볼 수 있다는 점이에요. 여러분이 회계 업무를 정말 잘하게 되었다고 생각해 보자고요. 극장을 운영하거나 기후 변화 관련 활동 단체의 책임자가 될 수도 있고, 아니면 경찰이

범죄자를 추적하는 일을 도울 수도 있어요. 회계 업무는 모든 직종에서 중요한 기술이니까요. 나이가 어릴 때는 능력과 기술을 갈고닦는 데 집중해야 해요. 그래야 나중에 여러분이 정말 해결하고 싶은 문제를 마주했을 때 사용할 수 있는 꽤 강력한 도구를 갖게 됩니다.

기술과 능력은 어쩌면 계획을 짜는 일보다 더 중요해요. 미래가 어떻게 될지 아무것도 모르는데 어떻게 계획을 세울 수 있을까요? 중국의 지도자 덩샤오핑도 "돌다리도 두드려 보고 건너라"라고 말하며 매사에 아주 신중한 태도를 보였어요. 가진 기술이 많을수록 여러분이 찾을 돌다리도 많아지는 셈이죠. 기술은 선택지를 준답니다.

여러분은 오랫동안 첫 직장을 갖지 못할 수도 있어요. 그렇지만 기술은 여러분이 지금 당장 계발해서 발전시킬 수 있어요. 크리스티안 호날두는 일곱 살 때 첫 축구팀에 들어갔대요. 비욘세는 아홉 살에 음악 활동을 시작했고요, 버진 그룹의 회장 리처드 브랜슨은 열여섯 살에 첫 사업을 시작했어요. 무언가에 뛰어난 사람이 되고 싶다면 지금이야말로 첫걸음을 내디딜 최고의 시기예요! 여러분의 기술을 발전시킬 가장 좋은 방법이 뭐냐고요? 바로 부업을 시작하는 거죠!

내가 가진 기술 생각해 보기

여러분은 이제 모두 알 거예요. 제가 리스트 만들기를 좋아한다는 사실을요. 여기, 또 하나의 리스트가 있어요. 여러분이 가지고 있는 기술을 모두 적어 보세요. 여러분이 다른 사람들보다 잘할 수 있는 건 무엇인가요?

- **대인 관계 기술**: 싸우는 친구들 사이에서 중재하거나 분위기를 부드럽게 만드는 일을 잘한다거나 어른들에게 인기가 많은 경우
- **전문 기술**: 사진 촬영하기, 컴퓨터 프로그래밍, 캐리커쳐 그리기 등
- **지식**: 모든 공룡의 이름이나 전 세계의 국기 외우기, 역사 공부하기
- **그 외 내가 좋아하거나 잘하는 일**: 뜨개질로 모자 만들기, 종이 접기 등

기술을 적었다면 그 옆에 두 개의 칸을 더 만드세요.

1. 여러분의 기술로 돈을 벌기가 얼마나 쉬울까요? 그 일은 사회가 높이 평가하는 일인가요? 1점에서 3점까지 점수를 매겨 보세요.

2. 여러분은 그 일을 얼마나 즐기면서 할 수 있나요? 역시 1점
   에서 3점까지 점수를 매겨 보세요.

이제 3점을 매긴 기술 한두 개에 별표를 표시하세요. 그리고 그 기술을 더욱 발전시키는 데 집중하세요. 이 연습을 통해 내가 무엇을 잘하고 무엇에 집중해야 하는지 알아볼 수 있어요. 나중에 다른 사람들 앞에서 자신이 어떤 사람인지 소개할 때를 대비할 수도 있고요.

폭넓게 생각하세요. 자신의 한계에 너무 신경 쓰지 말자고요. 내가 아는 사람 중에는 뛰어난 국제 스포츠 해설자가 있는데, 그분은 스타크래프트 비디오 게임 해설도 같이 한답니다.

이 리스트를 자주 살펴보세요. 그때마다 여러분이 할 수 있는 일을 알고 나면 깜짝 놀랄 거예요.

내가 가진 기술	전망	나의 흥미
영어 실력	3	1
쿠키 만들기	2	2
게임 하기	1	3

돈과 행복의 상관관계

사람들은 돈으로 행복을 살 수 없다는 말을 자주 해요. 여러분도 들어본 적 있죠? 하지만 전 논쟁거리가 될 만한 이야기를 하려고 해요. 앞에서 사람들이 말한 그 말은 생각해 볼 여지가 있어요. 돈의 액수와 행복의 정도 사이에는 분명 상관관계가 있어요. 하지만 그 관계는 여러분이 생각하는 것보다 더 복잡하답니다.

연구자들은 돈이 우리를 정말 행복하게 만드는지 알아보기 위해 오랫동안 연구했어요. 그리고 돈이 우리에게 분명 행복을 준다는 사실을 확인했지요. 돈과 행복 사이의 관계는 아래와 같아요.

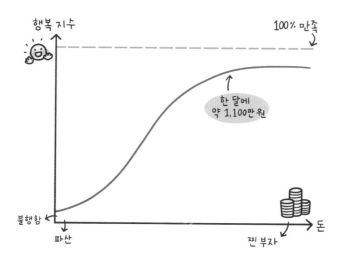

돈이 충분하지 않으면 큰 스트레스를 느껴요. 돈이 모자라면 음식을 제대로 못 먹고, 양질의 의료 혜택도 못 받고, 안전하고 편안하게 살 집도 구할 수 없으니까요. 가난한 사람에게 한 달에 100만 원씩 준다면 그들의 삶은 크게 달라질 거예요. 반면, 똑같은 100만 원을 부자에게 준다면 티도 나지 않겠죠.

일정 수준이 넘어가면 돈이 아무리 많아져도 행복 지수가 눈에 띄게 늘어나지 않아요. 제 고향인 남아프리카공화국의 경우 행복의 기준이 되는 돈의 액수는 한 달에 세전 336만 원 정도라고 해요. (한국의 경우, 한국보건사회연구원의 연구 결과에 따르면 임금 근로자는 월 600만 원, 자영업자는 1,480만원으로 나타났다—편집자) 물론 이 금액은 대부분의 남아프리카공화국 국민들이 매달 버는 돈보다 훨씬 더 큰 액수라는 점을 알아야 해요. 하지만 그래프 곡선의 끝부분을 보세요. 어느 정도가 되면 돈이 더 많아져도 행복 지수에는 별 차이가 없어요. 설령 그만한 재산이 아니더라도 어느 정도 생활의 안정이 보장된다면 건강이나 인간관계, 커리어 목표 같은 돈 외의 다른 것들이 훨씬 중요해지기 시작하죠.

돈이 충분하지 않다면 스트레스와 걱정거리가 늘어나고, 돈으로 어느 정도는 행복을 살 수 있어요. 그러나 돈으로 살 수 있는 행복의 양에는 한계가 있는 것도 사실이랍니다.

인생에서 여러분이 세워야 할 목표는 최고의 부자가 되는 것일 필요는 전혀 없어요. 만약 인생의 목표가 '돈'이라면 여러분이 정말로 하고 싶은 일을 놓칠 수도 있어요(그 때문에 여러분은 아주 지루한 사람이 될 수도 있고요). 여러분의 목표는 아마 더 작을 수 있겠죠. 그저 자유롭게 살 수 있을 정도의 돈을 버는 것이라거나 그보다 조금 더 많이 버는 것 정도로요. 이 목표는 여러분이 실제로 이룰 수 있는 꿈이에요. 물론 어른이 되어서요. 하지만 어릴 때 올바른 습관을 들여야만 이룰 수 있답니다.

어떤 사람들은 정말로 돈을 가장 많이 벌 수 있는 직업을 찾아다녀요. 그러고는 돈을 많이 버는 것을 기준으로 인생 계획을 설계하기 시작하죠. 그건 행복하게 살기 위한 좋은 방법은 아닌 것 같아요. 다만 다양한 직업군에 대한 정보를 모으고(얼마를 벌고 그 일을 통해 무엇을 얻을 수 있는지 등) 충분한 돈을 벌기 힘든 직업에 대해 현실적인 태도를 지니는 것이 중요해요. 직업을 선택할 때는 재정적 안정성뿐 아니라 즐거움과 의미를 줄 수 있는 직업을 선택하고, 남는 시간에 부업으로 할 수 있는 기술을 배우도록 애써 보세요(전 늘 책을 쓰고 싶었지만 전업 작가의 평균 소득을 알고 나서는 글 쓰는 일 말고 다른 기술이 필요하다는 결론을 내렸어요. 앱을 만들거나 컴퓨터 코드를 만드는 기술을 배워 놓아서 정말 다행이라고 생각해요. 그래야 돈이 아주 많이 드는 내 집필 작업을 충분히 지원할 수 있으니까요). 그렇지만 돈을 적게 번다는 이유만으로 가능성을 아예 버려서는 안 돼요. 스스로 질문해 보세요. 내가 지금 충분히 벌고 있나? 만약 그렇다면, 그리고 꾸준히 저축을 하고 있다면, 여러분은 부자가 될 가능성을 매일 높여 가고 있는 거예요.

자율학습

1. 작년에 가장 좋았던 추억 다섯 가지를 생각해 보세요.
2. 부모님 또는 여러분의 보호자분께 작년에 그분들이 가장 많은 돈을 들여 여러분에게 해 준 것이 무엇인지 다섯 가지 정도 말씀해 달라고 부탁드려 보세요.
3. 좋은 추억과 돈이 많이 들어간 경험 중에서 겹치는 것은 몇 가지인가요?

왜 어떤 직업은 돈을 더 많이 벌까요?

직업별 소득에는 큰 격차가 있어요.

왜 어떤 직업은 그렇게 돈을 많이 벌고 또 다른 직업은 그렇게 조금 벌까요? 격차의 요인은 다양해요.

첫 번째는 기술 차이에요. 어려운 기술일수록 수년간의 공부와 훈련이 필요하고 흔하지 않은 기술이라면 돈을 더욱 많이 벌 수 있어요. 하지만 늘 그런 것은 아니에요. 과학자는 변호사만큼 되기가 어렵지만 대부분 변호사들은 과학자들보다 돈을 많이 벌거든요.

(단위: 만 원)

직업대분류	연 평균소득
경영·사무·금융·보험직	5,046
연구직 및 공학 기술직	4,667
교육·법률·사회 복지·경찰·소방직 및 군인	4,140
보건·의료직	6,840
예술·디자인·방송 스포츠직	3,627
미용·여행·숙박·음식·경비·청소직	3,077
영업·판매·운전·운송직	4,098
건설·채굴직	3,860
설치·정비·생산직	3,670
농림어업직	3,697

* 출처: 최기성 외 1명, 〈2020 한국의 직업정보〉, 한국고용정보원, p.63

두 번째는 얼마나 많은 고용주가 이 기술을 원하고 얼마나 많은 사람이 경쟁하는가와 관련 있어요. 어떤 기술은 국내에서 찾기가 어렵다는 이유로 외국인 인재를 스카우트하거나,

국내에서 인기가 없다는 이유로 외국인 노동자를 채용하는 경우가 있어요.

월급은 또 특정 분야의 경제 성장과도 연관이 있어요. 경제 성장은 상품과 서비스의 가치가 증가할 때 나타나요. 정보 통신 분야 사업이 성장하면 여러분은 성장이 미미한 타 산업에 종사하는 사람보다 돈을 더 벌 수 있겠죠. 그 업계에 있는 기업들이 돈을 많이 지불할 능력이 있고, 또 여러분이 기업에 돈을 많이 벌어다 주니까요. 두 분야에 속한 사람들이 같은 시간을 들여서 공부를 했다고 하더라도 말이에요. 여러분은 크게 성장할 가능성이 있는 분야의 기술을 개발해야 할 필요가 있어요. 자동차가 발명되었는데 마차를 잘 고치는 기술을 배운다고 생각해 보세요. 어떻게 될까요? 확신은 못 하겠지만 분명 좋지는 않을 거예요.

특정 업계에 고용된 노동자들과 기업체가 얼마나 많은 힘이 있는지도 중요해요. 노동조합이 강한 업계는 대체로 더 나은 봉급을 위한 협상의 장이 열려 있어요. 한두 기업이 독점하는 업계는 대개 협상력이 없어서 적은 월급에 불만이 많아도 고용인들이 갈 곳이 없어 돈을 많이 받지는 못해요. 어떤 산업은 정부의 결정에 영향을 크게 받기도 해요. 공무원의 봉급은 대개 정부가 정한답니다. 정부가 가장 큰 고용주니까요. 물론 정부도 사회 구성원들이 투표로 결정하기 때문에 어떤 의미에서는 사회 구성원들의 평가, 즉 사회 구성원들이 그 직종을 어떻게 평가하느냐, 가치를 얼마나 매기느냐를 반영하고 있다고 할 수 있어요. 어떤 나라에서는 교사가 가치를 인정받아 봉급이 아주 높아요.

고용인으로서 더 많은 힘을 갖는 최고의 방법은 여러분 자신이 직접 고용주가 되는 거예요. 누군가 다른 사람을 위해 일하는 기술자보다 자기 사업을 하는 기술자가 돈을 훨씬 많이 벌 테니까요.

소득의 범위

한 직업의 '평균 소득'만으로는 전체 소득 상황을 온전히 다 알 수 없다는 사실을 유념하세요. 어떤 산업은 소득의 범위가 넓고 다른 산업은 좁을 수 있거든요.

예를 들어, 국회의원의 소득 범위는 좁아요. 모두 같은 월급을 받기 때문이죠. 고용주인 정부가 모두에게 같은 액수의 돈을 지급해요.

반면, 뮤지션이 되면 수입 범위가 엄청나게 넓어져요. 뮤지

션의 평균 소득은 놀랍게도 '0'이에요. 일요일마다 교회에서 노래하는 사람들, 주말에 드럼을 연주하는 사람들을 생각해 보세요. 길에서 버스킹을 하는 사람도 그 일만으로 그렇게 돈을 많이 벌 것 같진 않아요. 하지만 월드 스타 비욘세는 한 달 평균 소득이 약 145억 원이나 된답니다.

어느 분야든 최고가 된다면 평균 수입보다 훨씬 더 많은 수입을 받을 수 있을 거예요.

대학을 꼭 가야 할까요?

대학 등록금은 만만치 않아요. 대학을 졸업하기까지 시간도 오래 걸리고요. 대학은 그만한 가치가 있을까요?

간단하게 대답하자면, 몇몇 국가에서는 그렇다고 할 수 있어요. 특히 제 고향인 남아공과 여러분이 살고 있는 한국에서는요. 남아공에서는 고등학교를 졸업한 25세 미만 청년 중 55%가 실업자예요. 대학 졸업장이 있는 청년의 경우 실직률이 31%고요. 대학에서 학위를 받은 사람들은 평균적으로 학위가 없는 사람보다 돈을 더 벌어요. 그 격차는 다른 일부 국가보다 남아공에서 더 크지요(한국 역시 학력이 높을수록 취업률과 평균 소득이 더 높아요).

그렇지만 대학이 성공을 위한 유일한 방법도 아니고 모두가 대학을 가야 하는 것도 아니에요. 대학에 가려고 준비하기 전에 그것이 올바른 길인지 확인할 필요가 있어요. 남아공의 경우, 대학 중퇴율이 정말 높아요. 약 50%나 되거든요. 거의 절반 정도의 학생이 대학에 입학했다가 그만두는 것이죠. 원격 수업을 듣고자 하는 경우 중퇴율은 급격히 상승해요. 따라서 많은 사람이 학업을 위해 대출을 받고도 학위를 따지 못하는 일이 벌어집니다.

대학 등록금을 어떻게 마련할 것인지 생각하기 전에 먼저 해야 할 일이 있어요. 특정 대학교의 졸업률이 얼마나 되는지 알아보는 거예요(졸업률이란 첫해에 등록해 졸업까지 하는 사람들의 비율을 말해요). 대학 학위가 인생에 어떤 도움이 될지 명확하게 알아보고 여러분이 공부할 분야를 지혜롭게 선택해야 해요.

대학에 갈 결심이 생긴 여러분을 위해, 학비를 마련하기 위한 몇 가지 방법을 소개할게요.

- **국가 장학금**: 국가에서 학비를 지원해 줘요. 형편에 따라 지원받을 수 있는 장학금의 유형이 다양하고 상환 조건이 공

정해요. 지원 기간을 엄격하게 지킨다는 것을 기억하세요.

- **장학금과 대출**: 대부분 대학에서는 특수 목적의 학자금을 지원해요. 학교와 제휴를 맺은 기업이나 재단에서 지원하는 경우도 있고요. 가고 싶은 학교의 재정 담당 직원에게 문의해 보세요.

- **학자금 대출**: 만약 장학금을 받기 힘들다면 대출을 고려해 볼 수 있어요. 국가 장학금을 지원하는 재단에서 저렴한 금리로 학자금과 생활비 대출을 지원해요. 안정성도 보장되어 있고요. 정말 돈이 급하게 필요한 경우라면 개인 대출도 고려할 수 있지만, 먼저 1금융권 상품을 알아보고 차선책으로 2금융권을 고려해야 한다는 점 잊지 마세요!

제3의 선택지

최근에는 다양한 배움의 장이 여러분 주변에 열려 있어요. 무엇이든지 배울 수 있는 기회와 방법이 많이 있지요. 여러분이 마음만 먹는다면 말이에요. 온라인 강의도 활성화되어 있고요. 사이버 대학의 경우 일반 대학과 동일하게 학위를 받을 수 있어요.

우리가 사는 세계는 아주 복잡해요. 여러분 세대에게 배움은 결코 끝이 없을 거예요. 따라서 최대한 저렴한 방법, 즐겁게 배울 방법을 찾는 것이 중요해요. 다행스럽게도 지금만큼 여러분에게 선택지가 많았던 적은 없어요.

자율학습

어른들과 또 한번 대화할 타이밍이에요. 어른들은 여러분의 학비 마련을 목적으로 저축하고 계실까요? 만약 그럴 여력이 없다면 지금부터 학자금 마련을 위해 무엇을 할 수 있을지 방법을 찾아보세요.

미래에도 걱정 없는 직업

최근 가장 성장률이 높은 직종은 소프트웨어, IT, 금융, 공학 분야 등이에요. 이런 종류의 직업은 수입도 매우 좋아요. 여러분이 수학과 과학을 좋아한다면 유리하겠죠. 하지만 연구 결과에 따르면, 세계의 비즈니스 환경이 기술 발전으로 점점 더 빠르게 변화하면서 혁신력과 창의력을 갖춘 사람들, 팀 안에서 잘 어우러지는 사람들 그리고 소통에 뛰어난 사람들이 산업에서 성장을 일구는 데 핵심이 될 거라고 해요. 따라서 이와 관련된 분야(역사, 지리, 언어, 예술 등)에 특출난 능력을 갖춘 사람들의 소득 잠재력 또한 기대해 볼 만해요.

이전에는 석유 화학 엔지니어들, 즉 석유를 에너지로 바꾸는 일을 하는 사람들이 돈을 많이 벌었지만, 친환경 에너지 수요가 늘어나면 대체 기술 개발 능력을 갖춘 사람이 필요해질 거예요. 이미 어떤 기술은 온실가스를 낮추기 위해 노력하는 국가에서 큰 영향력을 발휘하기 시작했어요.

세상이 변하면서 노동 환경 역시 계속 변해요. 이 책을 읽고 있는 여러분 중 많은 사람은 다가올 미래에 지금은 존재하지 않지만 새롭게 생겨날 직종에 종사하겠지요. 그러니 커서 무엇을 하고 싶은지 아직 몰라도 너무 걱정하지 마세요. 열심히 자신의 기술을 발전시킨다면 언젠가 기회가 찾아왔을 때, 그 기회를 잡는 건 여러분이 될 테니까요.

핵심 정리 노트

✔ 미래에 어떤 직업을 갖고 싶은지 전혀 몰라도 괜찮아요. 살면서 정말로 다양한 직업을 갖게 될 테니까요! 지금은 자신의 기량을 키우는 데 집중하세요.

✔ 돈을 잘 버는 기술이 무엇일지 알아보고 준비하세요. 하지만 엄청난 부자가 된다고 무조건 행복해지는 건 아니라는 점을 기억하세요.

✔ 대학은 배움의 열정을 마음껏 펼칠 수 있는 굉장한 곳이에요. 학자금을 마련할 다양한 방법도 많고요. 그렇다고 여러분이 꼭 대학을 가야 하는 건 아니에요. 세상을 살아가는 길은 다양하니까요.

✔ 세상은 가능성으로 가득해요. 여러분이 할 수 있는 만큼 다양한 가능성을 탐색할 수 있는 세상은 참 흥미진진하답니다.

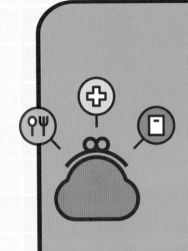

세 번째 수업

돈은
어떻게 관리할까?

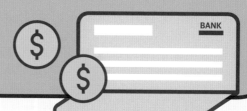

돈 관리의 시작

봉투가 예산보다 나아요

여러분 혹시 볼링을 쳐 본 적 있나요? 저는 볼링에 정말 소질이 없어요. 레인으로 굴러가기는커녕 옆으로 빠지기만 해서 양쪽에 벽을 세웠으면 한다니까요! 전 볼링공이 자꾸 옆으로 빠지는 것처럼 돈이 다른 곳으로 새지 않도록 막아 주는 보호 장치가 여러분에게 있었으면 좋겠어요. 그러면 인생이 조금 더 쉬워질 테니까요. 돈을 관리할 때 이 보호 장치와 비슷한 역할을 해 주는 것을 우리는 '봉투'라고 부를 거예요.

여러분은 이미 봉투가 무엇인지 알고 있어요. 사람들이 편지를 넣는 종이봉투 말이에요. 여러분에게 현금 더미가 있고,

그 돈을 서로 다른 봉투에 넣는다고 상상해 보세요. 각 봉투에는 이름표가 붙어 있어요. 하나는 레고를 살 돈, 또 하나는 자선 단체에 기부할 돈. 이제 레고 상점에 가면 여러분은 '레고 살 돈'이라고 적힌 봉투를 꺼내기만 하면 돼요. '자선 단체 기부금'이라고 쓴 봉투의 돈은 거기서 절대로 꺼내면 안 되는 거죠. 이렇게 하면 근사한 새 레고 모델에 눈이 팔려 생각 없이 많은 돈을 막 쓰고 난 다음 자선 단체에 기부할 돈까지 모두 써 버릴 가능성을 완전히 차단할 수 있어요.

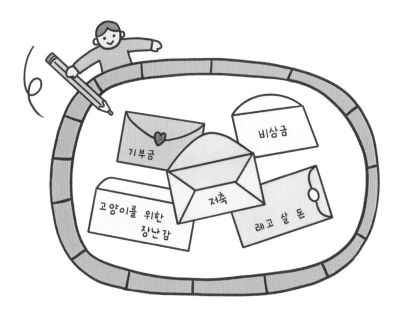

자, 이제 봉투를 사용해 돈을 관리하는 방법과 이미 잘 알려진 다른 방법을 비교해 봐요. 바로 '예산 짜기'라는 방법이에요. 예산을 짠다는 것은 돈을 어떻게 쓸 계획인지 목록을 적는 거예요. 바로 아래처럼요.

1월 예산	
세면도구	7,000원
교통비	10,000원
옷	25,000원
친구 모임	20,000원
정기 후원	10,000원
총액	72,000원

자, 보세요. 예산표 참 좋죠. 하지만 여러분의 주머니에 50,000원이 들어 있고 그대로 레고 상점에 간다고 생각해 보세요. 다음 상황이 짐작이 가나요? 분명 주머니 속 돈이 "나를 써"라고 속삭일 거예요. 그럼 여러분의 예산 계획은 한순간에 먼지가 되어 창밖으로 날아가 버리겠죠(농담이 아니에요. 제 거대한 레고 수집품을 보면 알죠).

예산 짜기는 그닥 효과가 없어요. 여러분이 완벽하게 이성적인 존재가 아니기 때문이에요. 아무리 그런 척하더라도 소용없어요. 우리는 그저 두 발로 걸어 다니는 영장류랍니다.

누구나 첫 시작과 의도는 좋지만, 인간의 뇌는 내리는 명령을 충실히 따르는 완벽한 컴퓨터가 아니에요. 사실 여러분의 뇌는 현대 생활에 잘 적응하도록 진화하지 못했어요. 현대 생활이란 게 어떤 거냐고요? 60억 개나 되는 온갖 재미난 오락거리와 맛난 먹거리가 끝도 없는 세상에서 사는 거죠. 봐야 할 드라마는 수도 없이 많고요. 그 많은 걸 다 즐길 수 없을 뿐이에요. 파산하거나 건강이 나빠지거나 성적이 떨어지고 후회가 가득할 막연한 미래가 두려워서 말이에요. 인간의 뇌는 미래에 가질 중요한 물건보다는 지금 당장 가질 수 있는 물건을 원하는 쪽으로 진화했어요.

기억하세요. 여러분의 뇌는 정글에서 딸기나 열매를 찾는 데 도움이 되도록 진화했지, 현대 생활의 온갖 유혹에 저항하도록 진화하지 않았다는 것을요.

그래서 여러분의 뇌가 '좋아, 나는 지금 내 눈앞에 있는 마시멜로를 절대로 먹지 않을 거야'라고 말하리라고 기대하는 것은 정말 터무니없는 생각이에요. 우리 뇌는 어리석은 시스템이거든요. 그래서 여러분은 되도록 뇌를 이해하고 배려하고 뇌의 한계 내에서 수긍하며 살아야 해요. 뇌랑 싸우려 하지 말고요.

예산을 짜는 것보다는 그냥 아래처럼 이름표를 붙인 봉투 세 개를 마련하는 편이 훨씬 나을 수 있어요.

• 친구들과 놀러 갈 돈: 30,000원
• 비상금: 20,000원
• 정기 후원금: 10,000원

그리고 일주일 단위로 쪼개 지갑에 그때그때 넣어 두는 건 어떨까요?

봉투는 꼭 진짜 종이봉투일 필요는 없어요. 각각 다른 은행 계좌를 만들어도 좋아요. 돈을 쪼개 놓기만 하면 되거든요. 저는 그렇게 해요. 오락비를 넣는 계좌, 성인이 되어 쓸 돈을 넣는 계좌, 내가 혹시 모를 큰일을 대비해 비상금을 저축하는 계좌 세 개가 있어요.

아니면 절반은 현금, 절반은 은행 계좌에 보관하는 방식도 괜찮아요. 제 친구는 돈을 전부 은행 계좌에 넣고 사용할 금액만큼만 그때그때 현금을 찾아 쓰고 있어요. 응급 상황이거나 큰돈이 나가야 하는 경우가 아니면 신용 카드를 절대 긁지 않는 습관을 들였거든요.

돈에 관해서만큼은 여러분의 뇌보다 더 똑똑해져야 해요.

돈을 봉투에 넣어 두고 충동에서 벗어나 자신을 보호할 수 있게 되면 분명 뇌를 이길 수 있어요.

돈을 봉투에 넣으면서(진짜 봉투든 상상 속의 봉투든 상관없어요) 우리는 돈에게 역할을 부여해요. 만 원짜리 지폐에게 "네가 할 일은 내게 점심을 사는 거야" 그리고 다른 만 원에게는 "네 일은 나를 즐겁게 하는 거지!"라고 말하는 것이지요. 아무 생각 없이 돈을 쓰지 않고 진정으로 여러분의 삶을 개선하는 한 가지 방법이에요. 아마 스스로 잘 통제하고 있다는 뿌듯하고도 근사한 느낌이 들 거예요. 내 삶을 내 손으로 직접 꾸려 간다는 효능감이죠.

하지만 너무 작은 단위로 쪼개서 지나치게 상세하게 계획을 세울 필요는 없어요. 비율 규칙을 적용하면 도움이 돼요. 예를 들어, '전체 예산 중에서 10%는 자선 단체에 기부하고, 나머지의 절반은 저축하고 남은 금액을 쓸 거야'라거나 '3분의 1은 저축, 3분의 1은 오락, 나머지 3분의 1은 꼭 필요한 물건을 사는 데 쓸 거야' 정도로 규칙을 정하는 거예요. 사람마다 잘 통하는 규칙은 모두 다르므로 여러분에게 맞는 시스템을 찾는 것이 중요해요. 거기에 어울리는 규칙도 만들어야 하고요. 다음 장에서 조금 더 자세하게 살펴볼까요?

나만의 봉투 만들기

여러분의 봉투 목록에는 무엇이 있을지 잠시 생각해 보세요. 아마 다음과 같은 봉투를 만들고 싶을 수 있겠죠.

- 기분 전환용: 옷, 외출, 취미나 선물 등에 쓸 돈
- 생활비: 세면도구나 식비 같은 기본 생활에 필요한 돈, 핸드폰 요금
- 저축: 저축의 목적은 다양해요.
- 자금: 부를 쌓기 위해 저축하는 돈. 대개 투자금이라고 하죠.
- 기부금: 정기 후원금이나 교회 헌금 같은 것을 말해요.

한 가지 조언을 하자면, 봉투를 다섯 개 이상은 만들지 말라는 거예요. 하지만 용도는 여러분 마음대로 다양하게 정해 보세요!

이제, 이 봉투에 돈을 어떻게 할당할지 생각해 보세요. 아래에 몇 가지 예시를 소개할게요.

- 생활비 30%
- 오락비 20%

- 저축 20%
- 투자 20%
- 기부 10%

위의 계획이 너무 복잡하게 느껴진다면 단순하게 세 가지 항목으로 나누어도 좋아요.
- 3분의 1은 지출
- 3분의 1은 저축
- 3분의 1은 기부

용돈을 받지만 부업이 있는 사람은 다음처럼 사용할 수도 있겠죠.
- 용돈: 지출
- 부업 수입: 저축
- 전체의 10%는 기부

물론 이 계획이 여러분에게 맞지 않을 수도 있어요. 돈을 사용하는 것은 아주 개인적인 일이기 때문에 여러분의 생활에 적합한 방법이 무엇일지 아는 사람은 여러분뿐이랍니다. 시간을 내서 여러분의 봉투는 어떻게 만들면 좋을지 여러분만의 규칙을 세워 보세요.

봉투의 이름	금액

카드보다 현금

봉투를 만들어서 두 달 정도 현금으로 연습해 보는 것도 좋은 생각이에요. 시스템을 이해하고 익숙해져야 하니까요. 현금으로 연습하면 카드를 긁는 것보다 더 실감이 나요(게다가 현금을 두둑이 쥐고 있다 보면 왠지 모르게 배도 불러 오고요). 문구점에서 실제로 봉투를 구매해 써 보세요. 작은 노트도 한 권 사서 갖고 다니며 번 돈과 쓴 돈을 모두 기록해 보세요. 다음처럼요.

- 1월 14일 월요일
   마트에서 콜라와 과자 한 봉지: -3,000원
- 1월 16일 수요일
   자동차 세차: +10,000원
- 1월 17일 목요일
   고양이 장난감: -5,000원

익숙해진다면 부모님이나 법적 보호자께 은행 계좌를 개설하러 함께 가 달라고 요청해 보세요. 은행 계좌를 개설하면 현금을 들고 다니지 않고 안전하게 돈을 보관할 수 있을 뿐만 아니라 자동 정기 결제 같은 복잡한 거래도 할 수 있어요. 여러분의 돈이 어디로 가는지 자동으로 기록하기 때문에 직접 적을 필요도 없지요.

저는 은행 계좌를 오락비와 생활비로 따로 나누어 쓰고 있어요. 두 계좌 모두 같은 은행에서 열면 관리가 쉬워요. 하지만 모든 일을 완벽하게 처리하겠다고 은행을 들락날락하며 크게 스트레스 받을 필요는 전혀 없어요. 대부분 계좌가 다 비슷하거든요.

일단 현금 봉투 시스템에 익숙해지면 보호자께 은행 계좌를 열어 달라고 부탁하세요.

머니 미션 컨트롤

SF 영화를 보면 한 무리의 사람들이 통제실에 모여서 벽에 걸린 수많은 스크린을 쳐다보며 우주선의 움직임 하나하나를 추적하는 장면이 나와요. 여러분도 본 적 있죠? 그 방을 '미션 컨트롤'이라고 해요. 위대한 모험가들은 올바른 결정을 내리기 위해 옆에서 도와줄 사람이 필요해요.

여러분 역시 돈을 관리할 때 여러분만의 미션 컨트롤이 필요할 거예요. 여러분의 씀씀이와 돈의 흐름을 계속 추적할 수 있는 통제실 같은 것 말이에요. 그래야 계속 뒤돌아보면서 무엇이 잘되어 가고 있는지 아닌지 알 수 있죠. 지금 당장 만드는 여러분의 미션 컨트롤 대시 보드는 자투리 노트만큼 아주 간단할 수 있어요. 나이가 들고 경제 상황이 더 복잡해질수록 이 대시 보드를 발전시켜 가면 돼요. 처음 만드는 미션 컨트롤이 단순하다는 사실은 중요하지 않아요. 중요한 건 여러분이 그 일을 시작했다는 거죠.

여러분의 머니 미션 컨트롤은 과거에 무슨 일이 벌어졌는지 기록하고 앞으로 무엇을 하고 싶은지 계획하는 장소예요. 미션 컨트롤은 아래 정보를 포함하고 있어야 해요.

- 내가 가진 돈과 빚진 금액은 얼마인가? (나의 순 자산은 얼마인가?)
- 내 돈이 어디로 갔는가? (몇 %를 저축했는가?)
- 내 저축 목표액에 얼마나 근접했는가?

머니 미션 컨트롤 대시 보드를 만드는 방법 세 가지를 제시할게요. 여러분 각자에게 가장 쉬워 보이는 방법을 선택하면 돼요.

- **노트와 펜**: 여러분 손보다 작은 크기의 노트를 마련하세요. 그래야 들고 다니기 편하니까요. 현금을 쓰고 있다면 노트가 좋은 선택지가 될 거예요.
- **스프레드시트**: 컴퓨터가 있고, 집에서 인터넷 접속이 가능하고 스프레드시트를 잘 다룬다면 아주 좋은 선택이에요. 구글 시트^{Google Sheet}와 엑셀^{Excel}을 활용할 수 있겠지요.

- **어플리케이션**: 만약 스마트폰을 가지고 있다면 가계부를 대신 작성해 주는 앱을 설치하세요.

자, 이제 당장 여러분의 미션 컨트롤 대시 보드를 설치하세요. 다음에 나오는 질문 목록을 참고하고요.

내가 가진 돈과 빚진 돈은 얼마나 될까?

여러분이 가진 돈과 다른 사람들에게 빌린 돈이 모두 얼마인지 목록을 만들어 보세요. 아래처럼요.

- 은행 계좌
- 돼지 저금통에 모은 동전
- 책 사이에 끼워 둔 비상금
- 친구에게 빌린 돈
- 친구에게 빌려준 돈
- 서랍에 넣어 둔 상품권

스프레드시트를 쓰고 있다면 다음과 같은 모양이 될 거예요.

내가 가진 돈	
목록	금액
거래 계좌	50,000원
저축용 계좌	300,000원
돼지 저금통	15,000원
친구에게 빌린 돈	-5,000원
총 자산	360,000원

이제 순 자산을 계산해 보세요. 앞에서 배운 내용 기억하고 있겠죠?

$$순 자산 = 가진 돈 - 빌린 돈$$

지금 당장은 순 자산이 0일지도 몰라요. 하지만 괜찮아요! 숫자는 곧 커질 거니까요. 절 믿어요.

내 돈은 어디로 갔을까?

노트나 스프레드시트의 새 페이지에 용돈, 부업, 선물 같은 수입 내역을 모두 적으세요. 맨 위에 '수입'이라고 적는 것도 잊지 말고요.

그런 다음, 이번에는 '지출' 칸을 만들어요. 가능한 한 간단하게요. 여기까지 했다면 여러분의 목록은 아래와 같은 모양이 될 겁니다.

목록			
수입	금액	지출	금액
용돈		소비	
부업		저축 또는 투자	
선물		기부	

여러분에게는 이 모든 숙제 같은 일이 독감에 걸리는 것보다 나쁘게 들린다는 것 알아요. 하지만 미션 컨트롤 대시 보드를 만드는 것이야말로 여러분이 돈의 진정한 주인이 되는 유일한 길이랍니다.

똑똑하게 시간을 써요

우주선을 추적하는 과학자처럼 일주일 내내 24시간 앉아서 대시 보드를 지켜볼 필요는 없어요. 사실 너무 지나치게 면밀히 돈을 지켜보는 것은 오히려 도움이 되지 않아요. 대부분 시간 계획을 세우고 지키는 일에 신경 써야 하니까요. 그뿐만 아니라, 항상 돈만 생각하다 보면 여러분은 아주 지루한 사람이 되고 말 거예요(제가 그랬거든요. 제 친구들은 더 이상 저를 파티에 초대하지 않아요). 저는 여러분이 돈 관리 시스템을 잘 만들어서 항상 돈 생각을 하지 않도록 도와주고 싶어요.

사실 일주일에 10분 동안 딱 한 번, 추가로 한 달에 30분 동안만 할 수 있으면 좋겠어요. 그럼 달마다 한 시간가량 하는 거예요! 그렇게 많은 시간은 아니죠? 저는 매달 핸드폰을 어디에 두었는지 기억하느라 애쓰는 시간이 더 많은 것 같아요.

구체적으로 매주 10분씩 주간 점검을 하고 각 달의 첫째 주에는 월간 계획을 짜는 데 시간을 좀 더 쓰면 돼요.

주간 점검

주간 점검에서 체크할 내용을 알려 드릴게요.

1. 각 봉투(혹은 계좌)에 돈이 얼마나 남았는지 확인해요.
2. 지난 일주일 동안 돈이 어디로 갔는지 전부 알아야 해요. 노트나 가계부 앱이나 온라인 뱅킹 거래 내역을 확인하면 쉽게 알 수 있어요. 이때, 돈을 쓴 일에 대해 깊이 생각해 보세요. 이 돈은 쓸 만한 가치가 있었나? 그 물건을 사서 기쁨을 느꼈나? 내 삶에 어떤 의미를 줬을까? 아니면 이

돈을 쓴 이유가 그저 우울하고 슬퍼서였던 것은 아닐까? 이 일을 하는 주된 이유는 스스로 평가하고 재단하려는 게 아니라 여러분의 지출을 더 잘 이해하기 위해서예요.

3. 다음 주에 사용할 돈을 목적에 맞춰 새 봉투나 계좌에 나누어 넣으세요.

월간 행동 계획

월간 행동 계획에서 할 수 있는 일을 아래에 소개할게요.

1단계 순 자산 정보 업데이트하기

수입이나 빌린 금액을 모두 기록하고 지난 한 달 동안 순 자산이 어떻게 변했는지 점검하세요.

내가 가진 돈			
목록	2023년 1월	2023년 2월	2023년 3월
거래 계좌	50,000원	53,000원	46,000원
저축용 계좌	300,000원	360,000원	500,000원
돼지 저금통	15,000원	10,000원	20,000원
친구에게 빌린 돈	-5,000원	-5,000원	
순 자산	360,000원	418,000원	566,000원
지난달 대비 증가액		58,000원	148,000원

각 봉투에서 돈을 얼마나 썼는지 기록하세요. 남은 현금이 있다면 '저축'으로 옮겨 두고요.

조금 더 전문가가 되어 볼까요? 지난달에 여러분의 한 달 수입 대비 저축을 얼마나 했는지 알아보세요. 스프레드시트를 사용하면 자동으로 계산될 거예요. 수기로 작성했다면 산수를 조금 해야 하고요. 하지만 아주 간단해요. 저축한 금액을 모두 더해서 수입 금액으로 나누고 100을 곱해요. 그 숫자가 바로 저축률이랍니다.

$$저축률 = 저축금 \div 수입 \times 100$$

내 돈은 어디로 갔을까?

목록	2023년 1월	2023년 2월	2023년 3월
수입	500,000원	650,000원	450,000원
용돈	400,000원	400,000원	400,000원
부업	100,000원	250,000원	50,000원
선물		80,000원	
지출	500,000원	650,000원	450,000원
소비	400,000원	350,000원	400,000원
저축 또는 투자	60,000원	200,000원	

| 기부 | 40,000원 | 100,000원 | 50,000원 |
| 저축률 | 12.00% | 30.77% | 0.00% |

　저축률은 앞으로 여러분의 고민거리가 될 거예요. 여러분의 임무는 저축률을 가능한 한 높게 유지하는 거예요. 포스트잇에 '저축률'이라고 써 놓고 화장실 거울에도 붙여 놓으세요. 최대한 자주, 많이 생각하세요. 그리고 매달 지난달보다 조금이라도 더 많이 저축해서 저축률을 높이도록 노력하세요.

3단계 올바른 봉투로 돈을 옮겨 넣기

　앞에서 세운 계획을 기억해 보세요. 각 봉투에 넣어야 할 돈의 비율에 대해서요. 이제 실제로 여러분의 돈을 있어야 할 곳으로 옮길 시간이에요. 그 일을 하기 전에 다가올 달에 대해 잠시 생각해 보세요. '다음 달에 가족 생일 선물처럼 크게 돈을 써야 할 일이 있을까?' 어떤 달은 계획을 약간 수정해야 할 수도 있어요. 괜찮아요, 융통성을 발휘하는 건 중요하답니다.

지금 바로 여러분의 첫 번째 달의 주간 평가와 월간 행동 계획을 점검하는 시간을 가지세요. 다달이 용돈을 받는다면 용돈을 받는 날도 좋고, 각 달의 첫째 날도 괜찮아요. 중요한 건 날짜를 정하고 꾸준히 규칙적으로 하는 거예요.

노는 데 쓸 돈은 마지막으로

혹시 여러분은 용돈을 받은 첫날에 오락비로 모조리 써 버리고 남은 날에는 아무것도 없이 지내는 그런 사람인가요? 노는 데 쓸 돈을 주 단위로 쪼개 보세요. 아래처럼요.

1. 월간 행동 계획을 짜는 동안 이번 달에 오락비로 써도 되는 돈이 얼마나 될지 계산해 보세요. 저축에 필요한 돈은 제외하고요.
2. 놀이에 쓸 돈을 4로 나누세요(아니면 5로요. 다섯 주로 이루어진 달도 있으니까요). 4분의 1을 '오락비'라고 적은 봉투에 넣으세요(아니면 전용 은행 계좌도 좋고요).
3. 그 돈을 쓰세요. 야호!

4. 일주일마다 오락비로 쓸 돈 4분의 1을 봉투에 넣으세요.

5. 계속 반복하면 돼요.

이제 오락비로 즐겁게 놀기만 하면 돼요. 그 돈을 써도 된다고 스스로 허락한 셈이니까요. 어떻게 하면 더 즐겁게 놀 수 있을지 방법을 생각해 내는 것이 여러분의 미션이에요. 오락비로 용도를 정했다면 그 돈을 어디에 쓰든지 죄책감을 느낄 필요가 없어요. 저축할 돈이나 다른 사람을 도울 기부금은 다른 봉투에 안전하게 넣어 두었으니까요.

이 시스템을 잘 유지할 중요한 규칙은 단 하나예요. 만약 오락비가 다 떨어졌다면 그저 없는 채로 지내는 거예요. 친구가 옆에서 아이스크림을 맛있게 먹고 있지만 오락비 항목의 돈을 이미 다 써 버렸다면 먹지 못하는 거죠. 이 시스템을 잘 지킨다면 다른 돈을 진탕 써 버려서 파산할 일은 없을 거예요.

휴! 이번 장에선 새로운 내용을 많이 배웠어요. 하지만 여러분은 해냈어요! 이 기세를 몰아 바로 다음 수업으로 넘어가 볼까요?

핵심 정리 노트

✔ 한도 이상의 돈을 쓰지 못하도록 막아 줄 봉투를 준비해 돈을 나누어 보관하세요. 종이봉투나 은행 계좌 모두 좋아요. 돈을 어떻게 나누어야 할지 계획을 세워 보세요.

✔ 측정하지 않은 돈을 관리할 수는 없어요. 그러니 경제 미션 컨트롤 대시 보드를 만들어 돈을 체계적으로 정리하고 직접 관리하세요.

✔ 매주 10분씩 투자해 지난 일주일 동안 돈이 어떻게 들어오고 나갔는지 파악하세요. 그리고 여러분의 봉투에 돈이 얼마만큼 남아 있는지 점검하세요.

✔ 매달 대시 보드를 업데이트하고 여러분의 계획을 실천으로 옮기세요.

돈을 불리자!

미래의 나를 위해

앞에서 복리에 대해 배우면서 돈을 오랫동안 둘수록 더 크게 불어난다고 말했던 것, 기억나나요? 이번 수업에서는 그 돈을 어떻게 불리는지 전부 이야기해 볼 거예요.

복리는 말 그대로 저축을 마법으로 탈바꿈해 줘요. 여러분이 지금 돈을 쓰지 않고 저축한다면 하루 끝에는 좀 더 많은 돈을 갖게 되는 셈이니까요.

보통 사람들은 어떤 비싼 물건을 사기 위해 돈을 저축한다고 생각해요. "돈을 모아서 새 비디오 게임기를 살 거야"라거나 "저축해서 내년에는 멋진 집으로 이사할 거야"라고 말하는 것을 들어 본 적 있을 거예요. 어떤 목적이든 저축하는 건 정말 즐겁고 중요한 일이죠! 하지만 여러분이 해야 하는 저축은 그런 목적만 있는 것이 아니에요.

여러분은 지금 당장 원하는 일, 다음 주, 다음 달, 혹은 올해 안에 이루고 싶은 일에 큰 확신을 가지고 있을 거예요. 하지만 5년 후, 10년 후에는 무엇을 원할지 확신도 서지 않고 잘 알지도 못하죠. 여러분이 지금 당장 알고 있는 것에만 과도하게 가치를 부여하고 있다는 뜻이에요.

하지만 돈은 우리 뇌가 돌아가는 방식과 정확히 반대 방향으로 움직여요. 미래의 돈은 현재의 돈보다 훨씬 더 큰 가치를 지니고 있죠. 투자를 했다면 말이에요. 따라서 어떠한 목적이나 목표에만 집중해 저축 계획을 세워서는 안 돼요. 제 생각은 그래요. 여러분은 주변을 둘러보고 돈의 흐름을 잘 파악해 전략을 세운 다음, 미래의 가능성에 투자할 수 있는 돈을 많이 모아야 해요. 이름하여 '자유 자금'이죠. 그 돈으로 여러분이 원하는 모든 것을 할 수 있어요. 특히 어릴 때 시작할수록 더욱 좋겠죠?

위시 리스트 만들기
특별한 뭔가를 구입할 목적으로 성실하게 저축하는 건 좋은 습관이에요. 돈을 모을 수 있도록 동기 부여가 되니까요. 여러분이 가지고 싶은 것들을 떠올려 보세요. 그리고 우선순위를 정해 차례대로 목록을 적으세요. 가장 중요한 물건이 맨 위에 오도록요. 미션 컨트롤 대시 보드처럼 자주, 한눈에 볼 수 있도록 잘 정리한다면 분명 도움이 될 거예요. 물건을 살 만큼 돈을 충분히 모았는지도 알 수 있고요.

위시 리스트		
현재 저축액		150,000원
목표	가격	금전적 여유
엄마 생신 선물	50,000원	O
비디오 게임기	200,000원	X
새 운동화	105,000원	O
자동차	40,000,000원	X

예금 계좌에서 출발해요

예금 계좌는 돈을 불리기 위해 시작할 수 있는 가장 간단하고 쉬운 방법이에요. 은행에서 개설하면 여러분에게 이자를 지급해요(앞에서 배웠죠? 이자란 여러분이 은행에 돈을 빌려주는 대가로 은행이 여러분에게 지불하는 돈이라고요). 여러분이 지금 당장은 쓰지 않아도 되지만 곧 쓰고 싶어질 돈을 모아 두는 좋은 방법이죠. 훗날 여러분이 투자할 계획이 있다면 예금 계좌에 투자금을 모을 수도 있어요.

예금 계좌의 경우, 대개 예금 기간이 길수록 이자율도 높아져요. 한 은행의 사례를 보여 줄게요(모든 은행이 그런 것은 아니니, 잘 비교하고 가입해야 해요!).

기간	이율
1개월 이상 ~ 3개월 미만	2.2%
3개월 이상 ~ 6개월 미만	3.18%
6개월 이상 ~ 12개월 미만	3.7%
12개월 이상 ~ 24개월 미만	4.23%
24개월 이상 ~ 36개월 미만	4.29%
36개월	4.3%

어떤 은행이 가장 높은 이자율을 적용하는지 살펴보고 가입하세요. 사실 처음 시작할 때는 여기저기 돌아다니는 보람이 없을 만큼 높은 이자를 받지는 못할 거예요. 예금 계좌의 이자율은 은행마다 차이가 그닥 크게 나지 않거든요.

72의 법칙

72의 법칙이란 여러분이 예금한 돈의 이자율에 따라 예금이 두 배가 되는 기간이 언제인지 대략 알려 주는 편리한 공식이 에요.

$$72 \div 이자율 = 돈이\ 두\ 배가\ 되는\ 햇수$$

예를 들어, 1년에 예금 이자율이 4%인 계좌에 100만 원을 넣어두면 72 ÷ 4 = 18년이 지나야 예금이 두 배인 200만 원이 돼요.

미래의 자신에게 먼저 돈을 주세요

저축 봉투는 여러분이 가지고 있는 봉투 중에서 가장 중요 해요. 저축 금액은 가장 먼저 분리해야 하는 돈이에요.

보통 어떻게 해야 더 많은 돈을 저축할 수 있을지 고민할 때 이런 생각을 할 거예요. '난 저축을 정말 열심히 할 거야. 군것 질도 그만하고 놀러 다니지도 않고 물건을 하나도 사지 않다 가 월말에 저축 계좌에 몽땅 넣어야지! 두고 보라고. 난 머지 않아 큰 부자가 될 테니까!' 이제 계획을 실행할 때가 되었어 요. 그런데 정말 예쁜 신발이 갑자기 대박 할인 행사를 하는 것 아니겠어요! 게다가 사람은 밥을 먹지 않고 살아갈 수 없어요. 친구들은 오늘 밤 다 같이 영화를 보러 가는데 나 혼자만 왕따가 될 수는 없지요. 아 참, 이번 달에는 가족의 생일이 있다는 걸 잊었어요. 그리고 또….

한 달이 지나고 여러분은 은행 계좌의 돈을 다 쓰고 말았어요. 그렇다고 여러분이 자기 통제력이 하나도 없는 게으른 사람이라는 뜻은 아니에요. 그저 여러분이 영장류의 뇌를 가진 보통 사람이라는 거죠.

그러니 여러분이 직접 뇌를 도울 필요가 있어요. 이야기를 조금 바꿔 보죠. 아주 간단하게요.

〝쓰고 남은 돈을 저축하면 안 돼, 저축하고 남은 돈을 써야 해〞

세계에서 손꼽히는 부자인 투자의 귀재 워런 버핏이 한 말이에요. 참 똑똑한 사람이죠?

인플레이션은 저축의 원수

저축은 멋진 일이에요. 여러분이 모아 놓은 돈을 복리를 통해 조용하게 불려 주는 마법의 요정과도 같죠. 그런데 한 가지 문제가 있어요. 저축이 힘들게 해 놓은 일을 전혀 없던 것처럼 되돌리는 천적이 있거든요. 바로 '인플레이션'이에요.

제가 어렸을 때는 학교 앞 가게에서 과자 하나를 150원을 주고 샀어요. 지금은 1,000원을 훌쩍 넘죠. 뭐, 과자 양이 커졌다거나 맛이 더 좋아진 건 아니에요. 아니, 크기가 오히려 더 작아지거나 양이 적어졌죠. 가격이 오른 이유는 같은 금액이라 할지라도 지금의 100원이 20년 전보다 가치가 떨어졌기 때문이에요. 돈의 가치가 떨어지는 것, 이걸 인플레이션이라고 해요. 풀어서 설명하자면 물가가 상승하는 것을 말하지요.

인플레이션은 다양한 이유로 나타나요. 제품의 생산 비용 또는 (석유 가격이 올라가는 것처럼) 원가가 상승하거나 물건을 사고 싶은 사람들의 숫자가 물품을 생산하는 속도보다 빨리 늘어나는 경우, 그리고 정부가 돈을 더 많이 찍어 내거나 국채를 발행해 시중에 돈을 더 푸는 경우에 인플레이션이 일어나요. 일부 국가는 다른 나라들보다 그 정도가 더 심해요. 남아공의 평균 물가 상승률은 1년에 약 7.5%에요. 반면, 한국은 약 3.5%로, 거의 두 배가 차이 나요(하지만 물가 상승률은 매달, 매년 달라져요. 혹시 모르죠! 언젠가 두 나라의 숫자가 바뀔지도요).

분명 문제가 있어요. 저는 새 게임기가 너무 갖고 싶어서 예금 계좌에 돈을 몽땅 넣었어요. 만약 제 돈이 1년 이율이 4.5%인 계좌에 들어가 있다면 4.5%의 속도로 불어나겠죠. 하지만 보세요! 1년 후에 사고 싶은 게임기는 물가 상승률을 따라 7.5% 더 비싸졌어요! 그 말은 예금이 인플레이션을 따라잡을 만큼 빨리 불어나지 못한다는 뜻이에요.

아이러니하게도 여러분의 돈을 보관하기 제일 위험한 장소는 침대 매트리스 밑, 돼지 저금통, 여러분의 지갑이에요. 인플레이션 때문이죠. 돈을 그저 놔두기만 한다면 가치가 매일 떨어질 테니까요. 돈을 은행 계좌에 넣어 두면 천천히 불어나긴 하겠지만 여러분이 필요한 만큼까지 불어나지는 못해요. 돈을 '그냥' 계좌에 지나치게 오래 두면 안 되는 것도 그런 이유가 있어서죠. 인플레이션이 잠식하는 속도보다 돈을 빨리 불리기 위해서는 투자를 해야 해요.

만약 여러분이 지금까지 돈을 1년 이상 저축하고 있었다면 이제는 저축 말고 투자를 할 때랍니다.

고삐 풀린 인플레이션

정부는 늘 인플레이션을 잡으려고 노력하는 동시에 경제 성장도 도모해야 해요. 이 일이 잘못되면 인플레이션이 통제 불능 상태가 되기도 하지요. 이렇게 고삐 풀린 인플레이션을 '하이퍼인플레이션(초인플레이션)'이라고 해요. 초인플레이션은 경제를 완전히 망가뜨려요.

1946년 헝가리에서는 15시간마다 물가가 두 배로 올랐어요. 오늘 1,000원이던 음료수가 닷새 후에 256,000원, 월말에는… 으! 상상도 할 수 없는 금액이었지요.

자산을 이해해요

첫 번째 수업에서 투자란 자산을 사는 것이라고 했던 말 기억하나요? 자산은 시간이 지나면서 가치가 늘어나요. 여러분 대신 부업을 해서 돈을 벌어다 주는 것과 같죠. 여러분이 컴퓨터 게임을 하고 고양이와 놀아 주거나 가족들과 한가한 시간을 보내는 사이 말이죠.

자, 한번 재미로 상상해 봐요. 여러분이 10만 원짜리 외바퀴 손수레 하나를 샀다고 쳐요. 그걸로 무엇을 할 건가요?

일단 그걸 타고 다니면서 재미있게 놀 수 있을 거예요. 손수레 경주를 하자고 친구들에게 도전장을 내밀 수도 있고요. 이런 식으로 사용하는 손수레는 자산이 아니에요. 여러분에게 돈을 벌어다 주지 못하니까요. 그저 여러분의 생활에 약간의 즐거움을 선사할 뿐이죠. 몇 년이 지나 수레를 되판다면 여러분이 처음 낸 가격보다 훨씬 적은 돈을 받을 거예요.

아니면 수레를 이용해 작은 부업을 시작할 수도 있겠죠. 시장에서 사람들을 만나 무거운 식료품을 집까지 운반해 주겠다고 제안하는 거예요. 똑같은 손수레지만 이때 손수레는 자산으로써 여러분에게 실제로 돈을 벌어다 줘요. 근사하지 않나요? 여러분이 손수레를 산 돈은 투자금이 되었어요. 이것을 투자라고 할 수 있는 이유는 지금보다 돈을 더 벌기 위해 가진 돈을 자산을 구매하는 데 썼기 때문이에요.

또 다르게 생각해 볼까요? 여러분은 돈을 벌고 싶지만 온종일 식료품을 운반하는 힘든 일을 하고 싶진 않을 거예요. 그런데 여러분의 이웃은 이미 식료품 운반 사업을 작게 운영하고 있어요. 단골손님도 있고, 다른 직원을 고용해 식료품 운반을 맡기고, 수레가 고장이 났을 경우 손쉽게 고칠 장소도 물색해 두었지요. 그렇다면 나가서 손수레를 직접 사는 것보다는 이웃에게 10만 원을 주고 사업 이득을 좀 받는 게 더 낫지 않을까요?

자, 여러분은 방금 주식 시장에 투자했어요. 주식을 사는 건 방금 소개한 손수레를 거래하는 것과 같아요. 이미 있는 사업의 이득을 일부 가져오는 거지요. 그 사업은 여러분의 현금을 사용해 몸집을 키우고 여러분은 그 대가로 이윤의 일부를 받아요. 그걸 '배당금'이라고 하고요. 여러분이 소유하게 된 기업의 작은 일부분은 그 자체로 자산이 돼요. 여러분이 다른 사람에게 팔 수도 있고요.

주식을 '지분'이라고도 해요. 이처럼 같은 대상을 두고 다양한 용어를 사용하기도 하지요.

많은 나라에 주식 시장이 있고, 여러분이 한 번쯤 들어 봤을 대기업은 주식 시장에서 주식을 사고팔아요. 국내뿐만 아니라 국제 시장을 통해 해외 기업들의 주식도 거래할 수 있죠. 가령, BMW, 애플, 나이키, 넷플릭스, 디즈니 같은 기업의 주식을 살 수 있어요. 세계적인 대기업은 거의 모두 주식 거래를 한다고 보면 돼요.

주식 시장을 쇼핑몰이라고 생각해 보세요. 과거에는 주식 시장이 사람들이 직접 줄을 서서 사는 실물 시장이었지만 오늘날은 모두 온라인에서 이루어져요. 옷이나 식재료를 주문하듯 살 수 있지요.

여기서 잠깐, 앞에서 말한 손수레 이야기로 돌아갈까요. 여러분은 이웃의 수레 사업 일부를 사고 싶지는 않지만, 그래도 10만 원 정도는 투자하고 싶다고 가정해 봐요. 그렇다면 이웃과 새로운 계약을 맺어 이웃이 새 수레를 살 수 있도록 돈을 빌려주는 방법이 있어요. 대신 이웃은 1년 후에 11만 원을 돌려 주기로 하고요. 그걸 '채권'이라고 해요. 주식은 사업체의 일부를 소유하는 것이지만, 채권은 돈을 사업체에 빌려주는 거예요. 빙고! 이제 금융 용어에 좀 익숙해졌나요?

주식, 채권, 금융 경제와 같이 복잡한 말들의 세계에 바로 실물 경제가 있어요. 여러분의 돈은 실제 기업들이 사업에 이용할 때 불어난답니다.

대부분의 사람은 투자하는 것을 두려워하고 어려워해요. 그들은 투자가 도박과 같거나 부자들만 하는 일이라고 생각하지요. 하지만 그렇지 않아요. 투자는 1만 원만 있어도 당장 시작할 수 있어요. 배우는 데 그렇게 오래 걸리지도 않고요. 여러분이 무엇을 하고 있는지 스스로 알고 있다면 위험 부담도 줄어들어요. 관련 사이트가 하루가 멀다 하고 생겨나고 있어서, 주식을 사는 일은 엄청나게 쉬워지고 속도도 정말 빨라졌어요.

저는 맥도날드에서 매달 출시하는 해피밀을 정말 좋아해요. 한 달에 한 번은 꼭 사 먹는데 약 5,000원이 들지요. 이렇게 생각해 봐요. 5,000원짜리 햄버거를 사 먹는 대신 맥도날드의 주식을 5,000원어치 살 수 있어요. 주식을 사는 데 걸리는 시간은 햄버거를 사기 위해 매장에 줄을 서는 정도랍니다.

기묘한 자산

주식 시장은 투자를 시작하는 최고의 방법이에요. 아주 적은 돈으로도 쉽게 시작할 수 있는 데다, 제대로만 한다면 비교적 안전하거든요. 하지만 여러분이 평생에 걸쳐 탐색해야 할 다른 유형의 자산도 많답니다.

- 기업이나 사업의 주식을 주식 시장을 통해서가 아니라 내가 직접 소유하는 것. 주로 사업을 직접 시작하는 경우에 해당해요.
- 부동산 구매: 부동산을 구매하는 방법은 다양해요. 제가 가장 선호하는 방식은 부동산을 많이 소유한 기업의 주식을 사는 거예요. 이걸 '부동산 투자 신탁', 줄여서 '리츠(REIT)'라고 해요. 부동산을 사서 다른 사람들에게 임대할 수도 있어요. 그럼 소득이 발생할 거고요. 아니면 나중에 가치가 더 높아져서 산값보다 높은 금액에 팔 수 있을 거라고 기대되는 부동산을 구매하는 방법도 있어요.
- 금괴 같은 귀금속을 사요.
- 외국 화폐(외환)를 사요. 나중에 외환의 가치가 자국 화폐 가치보다 더 높아지길 바라는 거죠.
- 비트코인, 이더리움 혹은 다른 종류의 디지털 자산이나 암

호 화폐를 구매해요.

- 미술품이나 명품, 클래식 자동차나 골동품을 살 수도 있어요. 내 친구 조지나는 이걸 '미친 과격 투자'라 불러요.

이 모든 유형의 자산은 흥미롭지만 아직은 걱정하지 마세요. 주식 시장은 처음 배우기 가장 좋은 유형의 투자랍니다. 일단 주식 시장을 알고 나서 더 기묘한 자산을 탐색하기 시작해도 늦지 않아요.

'투자 기회'라면서 홍보하는 것 중에 실제로는 사기에 가까운 것들도 많아요. 누군가에게 여러분의 돈을 넘겨주기 전에 꼼꼼하게 조사해야 해요. 누군가 연간 평균 물가 상승률 이상의 금리를 약속하는 장기 투자 종목을 추천한다면 믿지 마세요.

롤러코스터 같은 투자

주식의 가치는 늘 오르락내리락해요. 한때는 10,000원이었다가 5,000원이 되고, 30,000원으로 올라갔다가 갑자기 가치가 아예 없어지기도 해요. 주가는 늘 여러 곳에서 요동쳐요. 그 값은 온갖 요인들의 영향을 받지요. 해당 기업의 최근 소식, 그 기업이 위치한 국가의 정치 상황, 심지어 그날의 날씨(장난이 아니라 정말로요!) 같은 요인에도 영향을 받는답니다.

이러한 주가의 변동성은 정말 기괴하고 무섭게 느껴져요. 하지만 그건 주식 시장이 돌아가는 방식이에요. 장기적으로 주식 값은 올라가요. 지난 100년 동안 그래 왔어요. 사실 주식 가격의 변동성이야말로 주식이 장기적으로 높아지는 원인 중 하나랍니다.

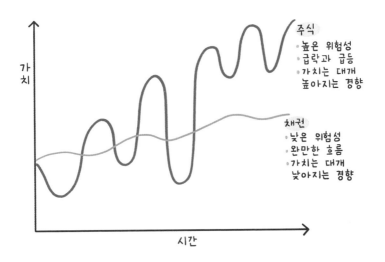

따라서 주식이란 길게 보는 것이지 빨리 부자가 되는 방법은 아니예요. 타이밍만 재다가 신속하게 사고팔아서 돈을 벌고 싶어 하는 사람들이 일부 있어요(사실 많은 사람이 당일 사

고팔기를 하죠). 저는 이런 행동을 투자가 아닌 '투기'라고 불러요. 그리고 대부분 사람은 투기하다가 돈을 잃어요. 투자란 장기적 성장과 이윤을 바라보고 자산을 사는 거예요. 말 그대로 오랜 기간이 소요되는 게임이죠.

사람들은 주식 시장에서 돈을 빨리 벌려다 오히려 돈을 잃는 경우가 많아요. 어떻게 그렇게 되는지 보여 드릴게요.

여러분이 '페이크도그푸'라는 회사의 주식을 산다고 상상해 봐요. 기발하고 재미있는 선물을 파는 기업이에요. 10,000원으로 1주를 샀다고 해 볼까요?

그런데 한 달 후, 페이크도그푸 기업의 주가가 무려 13,000원까지 올라갔어요. 야호! 이미 이익을 본 거죠. 여러분은 자신의 감을 믿기로 했어요. 그래서 4주를 더 사기로 하죠. 이제 여러분은 62,000원을 더 투자했어요. 그러나 3개월이 지나자 주가가 심상치 않아요. 이제 여러분의 주가는 1주당 12,000원이에요. 여러분은 아직 이 투자가 괜찮다고 생각해요. 그래서 1주를 더 사죠. 이제 74,000원을 투자했고 여러분은 총 6주를 가지고 있어요.

그런데 아뿔싸! 재앙이 닥쳤어요. 신문에 페이크도그푸 기업의 상품 중 하나가 큰 결함이 있다는 기사가 난 거예요. 페이크도그푸의 주가는 하룻밤 사이에 5,000원까지 폭락했어요.

이제 여러분이 74,000원에 샀던 주식 6주는 30,000원에 불과해요. 여러분은 여기서 더 잃을까 겁이 나서 주식을 금세 팔아 버리고 44,000원의 손해를 봤어요. 저런!

하지만 다음 날, 기사가 가짜였다는 게 밝혀지고 주가는 다시 수직 상승하기 시작했어요. 무려 2개월 동안이나요! 하지만 여러분은 이미 그 회사의 주식을 전부 팔아 버려서 가지고 있지 않죠. 그러니 전혀 좋은 소식이 아니네요.

주식 시장 눈치를 보는 경우						
	1개월	2개월	3개월	4개월	5개월	6개월
1주 가격	10,000원	13,000원	12,000원	5,000원	9,000원	11,000원
가진 주식의 수	1주	5주	6주	6주	0	0
투자 금액	10,000원	62,000원	74,000원	74,000원	74,000원	74,000원
내가 가진 주식의 가치	10,000원	65,000원	72,000원	30,000원	0	0
주식 이익	0	3,000원	-2,000원	-44,000원	-44,000원	-44,000원

이것이 대부분의 사람이 주식 시장의 변동에 맞춰 투자하려고 할 때 벌어지는 일이에요. 사람들은 주가가 가장 비쌀 때 사고 가장 낮을 때 팔아요. 그게 인간의 본성이죠.

이제 여러분이 주가가 변동하든 말든 완전히 무시했을 때 일어날 수도 있는 상황을 보여 줄게요. 주가의 변동과 상관없이 한 달에 1주씩 샀다고 가정해 봐요.

매달 동일한 액수를 투자하는 경우						
	1개월	2개월	3개월	4개월	5개월	6개월
1주 가격	10,000원	13,000원	12,000원	5,000원	9,000원	11,000원
가진 주식의 수	1주	2주	3주	4주	5주	6주
투자 금액	10,000원	23,000원	35,000원	40,000원	49,000원	60,000원
내가 가진 주식의 가치	10,000원	26,000원	36,000원	20,000원	45,000원	66,000원
주식 이익	0	3,000원	10,000원	-20,000원	-4,000원	6,000원

전반적으로는 6,000원 정도 이득을 보았을 거예요. 해피밀 하나 정도 사 먹을 돈은 벌 수 있겠군요.

투자는 여러분 인생의 여러 분야 중 게을러도 괜찮은 영역이에요. 그저 일정 액수를 매월 투자하고, 주식 시장의 흐름이 매 순간 어떻게 변하는지는 걱정하지 마세요.

어쩌면 시장 전체가 붕괴하고 여러분이 가지고 있는 주식 전체가 한순간에 가치를 잃을 수도 있어요. 이런 일은 몇 년에 한 번씩 일어납니다. 정말 무서운 일이 아닐 수 없어요. 하지만 그저 일시적인 변동이라는 것을 기억하세요. 1931년은 미국 주식 시장 최악의 해였어요. 당시 일 년에 주가가 43%나 떨어졌으니 말 다 했지요. 하지만 고작 2년 후에 미국은 다시 주식 시장 호황을 맞이했고 주가는 54%나 올랐답니다.

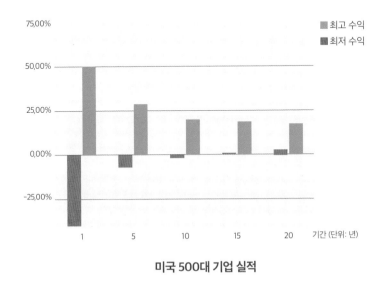

미국 500대 기업 실적

주식 시장이 붕괴된다면 할 수 있는 일은 아무것도 없어요. 그저 기다리는 수밖에요. 시장은 곧 다른 방향으로 요동칠 것이고 여러분의 주식은 결국 여러분이 투자를 시작했을 때보다 가치가 더 높아질 거예요. 그 기간이 1년에 불과할 수도 있고 10년이 될 수도 있어요. 그래서 5년 이내에 쓸 돈은 주식 시장에 투자하지 않고 그냥 가지고 있는 게 좋아요.

- 지금부터 1년 안에 쓸 돈은 거래 계좌에 넣어 두세요.
- 1~5년에 쓸 돈의 일부는 채권에, 일부는 주식에 투자하세요.
- 5년 이상 지나서 쓸 돈이라면 주식에 투자하세요.

주식 투자를 하면 돈을 잃을 가능성은 확실히 있어요. 하지만 여러분이 투자 기간을 길게 가질수록 그 가능성은 줄어들어요. 장기적으로는 투자하지 않는 것이 훨씬 더 위험하죠. 왜냐하면 인플레이션이 여러분의 예금을 야금야금 다 갉아먹을 테니까요.

주식이 고위험 고수익 자산임을 기억하세요. 투자 기간을 늘릴수록 위험을 더 많이 감수하는 편이 좋아요. 여러분은 아직 어리고 시간이 아주 많지요. 지난 100년 동안 다른 어떤 유형의 자산도 주식만큼 성장하진 못했어요. 부동산도 금도 미술품도 모두 아니에요. 기업의 일부를 사다니, 좀처럼 실감 나지 않겠지만 장기적으로는 이러한 투자야말로 여러분의 돈을 인플레이션으로부터 안전하게 지켜 주고 여러분의 큰 꿈을 더 쉽게 이루어 줄 수 있어요.

그러니 앞날이 창창한 여러분, 어서 가서 돈을 굴려 보세요.

주식 투자를 하면 얼마나 벌 수 있을까?

주식 투자를 해서 얼마를 벌게 될지 확실하게 알 수는 없지만, 장기적으로 봤을 때 대략 추측해 볼 수는 있어요. 중요한 점은 채권과 주식 투자를 해서 얻는 수익이 인플레이션 비율보다 높다는 거예요. 이러한 수익을 '실질 수익'이라고 해요. 만약 인플레이션율이 6%이고 실질 수익률이 7%라면 합쳐서 전체 성장률은 13%였을 거예요(72의 법칙을 기억하나요? 이를 적용하면, 여러분의 돈은 6년 만에 두 배가 된다는 뜻이죠). 이 정도면 은행이 예금 계좌를 통해 여러분에게 제공하는 4~5%의 이자율보다 훨씬 높지요.

기억하세요. 몇 년 후에 주식은 지금보다 훨씬 더 값이 내려갈 거예요. 그럼 돈을 잃게 되겠죠. 또 몇 년 후면 그보다 더 올라가 있을 거고요. 그사이에서 평균을 내야만 얼마나 수익이 날지 알 수 있어요.

주식의 진짜 힘은 오랫동안 그냥 내버려 둘 때, 다시 말해 복리가 특별한 마법을 부리도록 했을 때 나타나요. 성장률이 13%라면 여러분이 10살 때 투자한 10만 원은 30살이 되었을 때 130만 원이 되어 있을 거예요.

더 똑똑하고 안전한 투자법

좋아요, 하지만 이 계획 전체에는 결함이 있어요. 여러분이 어떤 주식을 사야 할지 아무것도 모를 수 있지요. 주식 투자 전문가가 되는 것에 인생 전부를 걸 필요는 없어요! 정말로 재미있어서 투자하는 사람들도 있지만 대부분은 이런 일을 아주 지루해 하니까요. 누구나 이런 일을 할 필요는 없죠.

세상에는 쉽게 할수록 똑똑해 보이는 일이 몇 가지 있어요. 주식 투자가 바로 그런 분야인 것 같아요.

주식 투자하는 방법은 크게 두 가지예요. 첫 번째는 투자할 기업을 고르는 거죠. 만일 여러분이 햄버거를 파는 기업의 주식을 사고 싶다고 해 봐요. 조사를 많이 해서 어느 기업이 더 좋은 햄버거를 만드는지 알아봐야겠죠(여러분은 맥도날드를 좋아하나요? 아니면 버거킹?). 그러려면 햄버거를 많이 먹어 봐야 할 거예요. 어느 회사의 햄버거가 최고인지 평가하고 주식 시장이 탄탄한지 알아낸 다음 그 기업에 모든 걸 거는 거예요.

하지만 이 과정은 시간이 오래 걸려요. 한 사람이 먹을 수 있는 햄버거 숫자에도 한계가 있죠. 사람들은 보통 이런 일을 대신 해 주는 주식 투자 전문가들에게 돈을 주고 투자를 맡겨요. 이런 투자를 '능동적 투자'라고 해요. 수익을 내기 위해 주식

정보를 모으는 데 능동적으로 노력하기 때문이죠(또는 주식 전문가를 찾으려 노력한다고 봐도 돼요).

주식을 사는 또 한 가지 방법을 '수동적 투자'라고 해요. 버거킹이 맥도날드보다 좋은 회사인지 알아보는 대신 그냥 맥도날드와 버거킹 주식을 둘 다 사는 거예요. 가능한 한 모든 회사의 주식을 조금씩 사는 거죠. 대개 인덱스 펀드(트래커 펀드)를 통해서 이런 투자를 해요. 인덱스 펀드는 쉽게 말하자면, 주가 지수가 상승하면 그만큼 수익이 많아지고 주가 지수가 하락하면 수익이 적어지는 펀드를 말해요.

S&P 500을 들어본 적 있나요? 미국 대기업 500곳의 주가 지수를 가리켜요. 한 번의 투자로 전 세계 시장을 추적하는 인덱스 펀드도 있어요. 예를 들어, '뱅가드 토탈 월드 스탁 인덱스 펀드Vanguard Total World Stock Index Fund'나 '애쉬버튼 글로벌 1200Ashburton Global 1200'이나 '새트릭스 MSCI 월드 펀드Satrix MSCI World Fund' 같은 것들이에요. 이런 종류의 펀드를 'ETF'라고 해요. '상장 지수 펀드Exchange Traded Fund'의 약자이지요. 휴, 주식의 세계는 정말 복잡하군요.

이런 펀드에 투자하면 여러분은 르완다, 호주, 일본 등 어느 국가에 있는 기업이든 한 방에 전 세계 모든 기업에 투자하는 셈이에요. 이런 투자는 극도로 안전해요. 운석이 떨어지거나 하지 않는 이상 기업들이 한꺼번에 망할 확률은 지극히 낮으니까요. 아, 운석이 떨어진다면 주식을 걱정할 틈도 없겠군요.

인덱스 펀드의 다른 장점은 저렴하다는 거예요. 주식 전문가에게 수수료를 줄 필요가 없으니까요. 데이터에 따르면, 전체 투자의 80%는 수동적 펀드가 능동적 펀드를 수익 면에서 이겨요. 맞아요, 쉽게 일을 할수록 어려운 일을 하는 것보다 여러분에게 더 많은 돈을 벌어다 주죠. 훨씬 더 안전하고요. 달걀을 모두 한 바구니에 넣지 않으니까요. 근사하지 않나요? 처음 투자를 시작한다면 저는 여러분에게 인덱스 투자를 강력하게 제안하고 싶어요.

투자 수수료는 여러분이 생각하는 것보다 중요해요

처음 투자를 시작할 때는 투자 회사의 수수료를 잘 알아봐야 해요. 이 수수료는 처음에는 정말 작아 보여요. 기껏해야 매년 여러분의 투자금의 1~4% 정도거든요.

문제는 여러분의 투자는 실제 성장률이 일 년에 7%에 불과하다는 거예요. 다시 말해, 4%의 수수료를 낸다면 투자 이익의 절반 이상이 수수료로 나간다는 뜻이지요.

수수료도 복리의 법칙이 적용돼요. 투자금이 불어나는 것과 같아요. 수수료는 여러분의 생각보다 훨씬 더 중요해요. 인덱스 펀드에 투자할 때는 1% 이하의 수수료를 찾는 것이 좋아요. 그만큼 찾는 노력의 가치가 있다는 말이지요. 투자 회사는 대개 이런 수수료를 '효과적 연간 비용(EAC)'이나 '총보수비용비율(TER)'이라고 해요. 투자 회사들이 말도 안 되는 소리로 여러분을 헷갈리게 만들어 꼭 투자 전문가한테 맡겨야 하는 것처럼 느끼게 만들려고 쓰는 또 하나의 술수에 불과하지요. 하지만 인내심을 갖고 버텨야 해요! 전 여러분을 믿어요.

거품과 일시적 유행을 경계하세요

1600년대 네덜란드 암스테르담에 튤립이 처음 들어왔어요. 네덜란드인들은 그렇게 아름다운 꽃을 전에 본 적이 없었기 때문에 그때부터 정원에서 튤립을 기르는 일은 곧 지위와 명망의 상징이 되었죠. 당시 튤립의 가격은 지금으로 따지면 10만 원짜리 브랜드 운동화 값과 비슷했어요.

이렇게 튤립 구근의 수요가 늘면서 가격은 상승하기 시작했어요. 여기까지는 아무 문제 없어 보이죠? 많은 사람이 사고 싶어 하는 물품의 가격은 원래 오르게 되어 있으니까요. 그런데 갑자기 몇몇 사업가들이 튤립의 가격이 오르고 있다는 사실을 알아차리고는 투기를 시작했어요. 미리 구매 계약을 맺어버린 거죠. 가격이 계속 오르면 이윤을 내고 팔 수 있으리라

기대했거든요. 이것이 가격을 더 높게 밀어 올리고, 더 많은 투기를 불러일으켰어요. 튤립의 가격은 하늘 높이 솟아올랐어요. 한마디로 '튤립 파동'이었죠.

가격은 정말 미친 듯이 올랐어요. 거래상들은 자기들이 가진 모든 것을 팔아 튤립 구근 두 개에 투자했어요. 주식 거래소에서 매매가 이루어졌고요. 튤립 구근 한 개가 당시 네덜란드 노동자의 연간 소득의 10배에 달하는 시점이 찾아왔어요.

문제는 튤립을 사고파는 사람들이 실제로 원하는 것은 튤립이 아니었다는 점이에요. 이들은 그저 가격이 계속 오르기만을 바랐을 뿐이죠.

여러분, 이걸 '거품'이라고 해요. 그리고 어느 시점에서 모든 거품은 팡 하고 터지기 마련이고요.

결국, 튤립 시장의 분위기가 바뀌기 시작했고 사람들은 공포에 사로잡혔어요. 튤립을 가진 사람들이 모두 튤립을 팔려고 했지만 사려는 사람은 없었죠. 사람들은 가치가 거의 0이 되어 버린 자산에 모든 재산을 다 쏟아부은 거예요. 그 결과, 네덜란드의 경제가 불황에 빠졌고 경기 침체는 수년 동안 지속되었어요.

거품 현상은 여러분이 살아가는 동안에도 얼마든지 일어날 수 있어요. 만약 주변에 모든 사람이 최근 유행이라고 말하면서 특정 투자 상품에 돈이 몰리고 있다면 귀를 닫으세요. 진짜라기에 너무 좋게 들린다면 그건 과장이지 진실이 아니에요.

게으른 투자자가 되세요

미국에서 가장 큰 투자 기업 중 한 곳인 피델리티^{Fidelity}는 장기적으로 가장 실적이 좋은 포트폴리오를 선택한 투자자들이 누구인지 심층 조사를 했어요. 밝혀진 바에 따르면, 최고의 투자를 한 투자자는 자신이 계좌를 갖고 있다는 사실조차 깜빡 잊고 있던 사람들이었다고 합니다.

도무지 믿기지 않지요? 하지만 투자로 수익을 얻는 사람들은 인내심이 보통이 아닌 사람들, 투자 전략을 찾아서 무슨 일이 있어도 고수하는 사람들이에요. 이들은 시장이 마구 요동쳐도 감정적으로 반응하지 않죠.

투자 경험이 많아지면 좋은 자산을 고르는 일에 더욱 욕심이 생길 거예요. 하지만 처음에는 광범위하고 저렴한 인덱스 펀드로 시작해 보세요. 가능한 한 세상의 많은 기업을 포함하는 저렴한 인덱스 펀드요. 시장이 어떤지는 신경 쓰지 말고요. 만약 은행 계좌가 있다면 정기적으로 돈이 빠져나가도록 자동 이체를 설정해 두면 좋겠지요. 이를 '적립식 투자'라고 해요. 적립식 투자의 최대 장점을 설명하는 전문 용어로 '코스트 애

버리징 효과'가 있어요. 쉽게 설명하자면, 투자 시기에 따라 가격이 서로 다른 주식을 구입해 결과적으로 가격이 평균화되어서 전체 투자 기간의 시세 변동에 따른 손익을 최소화하는 일이에요. 저는 이를 '똑똑하게 게으르기'라고 불러요. 적립식 투자는 여러분이 주식을 할인가에 사고 전체적으로 훨씬 더 많은 주식을 가질 수 있게 도와줘요. 매달 가능한 한 많은 돈을 투자하고 오랫동안 주식이 마법을 부리도록 내버려 두세요. 10년이든 20년이든요. 그 사이 자주 엿보는 건 금물이에요!

자율학습 $

이론은 이제 충분해요. 투자를 배우는 최고의 방법은 실제로 투자해 보는 거예요. 진짜 돈으로 할 필요는 없어요. 우선 가상의 포트폴리오를 열어서 시작해 보세요. 진짜로 존재하는 주식에 가짜 돈을 투자한 다음 얼마나 버는지 관찰해 보세요.

1. 지금 바로 가상 포트폴리오를 만들어 주는 웹사이트를 찾아보세요. 친절한 웹사이트라면 쉬운 방법을 제안할 거예요. 쉽고 저렴한 인덱스 펀드를 가짜 돈으로 구매한 다음, 당분간 내버려 두고 주가가 어떻게 변동하는지 지켜보세요.

2. 그렇게 투자하는 데 어느 정도 익숙해지면 이번에는 진짜 돈으로 투자를 시작하세요. 아주 적은 금액으로요. 실제 은행 계좌가 필요할 거예요. 여러분의 보호자에게 도와 달라고 부탁하세요. 여러분의 계좌에 돈이 알아서 굴러들어 오는 모습을 보면 기분이 정말 좋을 거예요.

핵심 정리 노트

✔ 예금 계좌는 1년 이내에 쓸 돈을 보관하는 좋은 저장고예요.

✔ 인플레이션은 저축의 적이에요. 인플레이션보다 더 빨리 돈을 불리는 최고의 방법이 바로 투자랍니다.

✔ 주식 투자는 생각보다 신비롭지도 어렵지도 않아요. 그저 가능성이 있어 보이는 큰 기업 일부를 사는 것일 뿐이죠. 주식은 장기 실적이 제일 좋은 유형의 투자지만 단기적으로는 오르락내리락 변동이 아주 심해요.

✔ 안전하게 투자하는 가장 좋은 방법은 소수보다는 다수의 기업에 투자하는 거예요. 쉽고 저렴한 방식으로는 인덱스 펀드가 있어요.

✔ 시장의 흐름을 보고 그저 타이밍만 재거나 무작정 유행을 따르려고 하면 돈을 잃을 확률이 높아요. 여러분이 무엇을 하는지 스스로 정확하게 알지 못한다면 그렇게 될 거예요. 게으르지만 똑똑하게, 일정한 금액을 정기적으로 간단한 인덱스 펀드에 투자하는 일이 좋은 출발점이 될 거예요.

똑똑하게 소비하기

광고에 저항해요

지금부터 잠깐 정신 나간 음모론자처럼 들릴 수도 있는 말을 하려고 해요. 하지만 제가 여러분에게 꼭 말하고픈 이야기가 있어서 그러는 거니까 이해해 주세요. 세상에는 여러분의 뇌를 몰래 훔쳐서 여러분의 생각을 조종하려고 애쓰는 사람들이 있어요. 외계인 침입자나 극악무도한 악당 이야기를 하는 게 아니에요. 제가 말하는 건 바로 '광고'랍니다.

세상의 모든 기업은 자신들이 파는 물건을 사람들이 사 주기를 원해요. 그 자체로 나쁜 건 아니지만 이것이 의미하는 바는 커요. 기업들이 오로지 딱 한 가지 목적으로 매년 수십억 원의 돈을 마케팅과 광고에 쓴다는 것이죠. 여러분이 원하지도 않는 물건들을 다발로 사게 만들기 위해 최선을 다해요. 여러분이 광고를 보기 전에는 원하지도 않았던 물건을 말이지요. 이 사람들은 일을 정말 잘해요. 그리고 여러분 주변의 공기를 바꾸죠. 광고는 사람들이 '자동차는 자유다' '당신이 미인이 아니라면 아무도 당신을 사랑하지 않을 것이다' '비싼 것은 비싼 값을 한다'와 같은 생각을 진짜라고 믿게 만들어요. 하지만 이런 생각들은 여러분의 생각이 아니에요. 여러분의 뇌에 정밀하게 이식된 것일 뿐이지요. 이러한 생각은 여러분이 정말로 좋아하고 신경 쓰는 것들로부터 여러분의 관심을 다른 곳으로 돌려 놓지요.

이렇듯 우리 머리를 조종하는 광고에 저항하는 방법은 생각을 스스로 파악하는 거예요. 기억나세요? 여러분의 뇌는 컴퓨터보다 원숭이의 뇌와 더 비슷하다는 것 말이에요. 우리의 뇌는 약점이 있고 광고인들은 그 약점을 이용해 우리가 물건을 사게 하는 데 매우 능숙해요. 여러분은 돈을 쓸 때 스스로 합리적 결정을 내렸다고 생각하는 경향이 있어요. 하지만 여러분이 돈을 쓰는 이유는 대부분 조종당하고 있기 때문이에요!

고백할 비밀이 있어요. 사실 저는 20대 시절에 광고업계에서 일한 경험이 있어요. 그래서 이런 일이 어떻게 돌아가는지 잘 알아요. 광고업계에서 일하는 사람들이 정말 나쁜 사람들인 건 아니에요. 망가진 건 광고계 사람들이 아니라 소비 자본주의 시스템이죠. 이 시스템 아래에서는 사람들이 계속 물건을 사야 기업들은 계속 돈을 벌 수 있어요.

자기 뇌의 약점을 파악해 광고주들보다 똑똑해지세요! 지금부터 광고의 기발한 두뇌 조종 전략을 알려 줄게요. 잘 알아두었다가 사람들에게 멋진 인상을 남기는 것도 좋겠죠.

"대충 맞는 것 같아!" (앵커링 효과)

여러분은 대부분 물건의 가격이 어느 정도인지 미리 생각하지 않아요. 따라서 우연히 들은 첫 번째 숫자가 어떠한 기준이 되어 버리는 경향이 있어요. 한번 생각해 보세요. 옷가게에 들어갔는데 대부분의 티셔츠를 30,000~50,000원에 팔고 있어요. 이곳에서 40,000원을 쓰는 것은 그리 나쁜 결정이 아닌 것 같아요. 하지만 여러분이 모퉁이를 돌아 다른 가게에 갔는데 거기서는 티셔츠를 10,000~20,000원에 팔고 있다면 갑자기 40,000원은 터무니없는 가격처럼 보이겠죠.

가끔 어떤 식당들은 엄청나게 비싼 음식을 메뉴판에 집어넣어요. 사실 식당 주인들도 누군가 이 음식을 사 먹을 거라고 기대하지는 않을 거예요. 그 음식이 메뉴판에 적혀 있는 것은 다른 메뉴들을 상대적으로 합리적인 가격인 것처럼 보이게 하려는 전략이에요. 이것이 바로 '앵커링 효과', 다른 말로 '닻내림 효과'랍니다.

앵커링 효과를 피하는 방법은 큰 물건, 값비싼 물건을 구매하기 전에 여기저기 다녀 보는 거예요. 그럼 물건 가격이 실제로는 어느 정도 되어야 하는지 가늠할 수 있으니까요.

"나만 그럴 순 없어!" (포모 증후군)

무언가에 쫓겨 급하게 결정을 내려야 한다고 느낄 때 구매 경향이 커져요. 기업은 물건을 팔 때 시간이 촉박하다고 거짓 압박을 가함으로써 소비자가 물건을 급하게 사도록 만들어요.

상품이나 서비스를 '한정 상품'이라고 포장하고, 남은 게 하나밖에 없는 것처럼 보이도록 만들죠(물론, 똑같은 물건을 뒤쪽 창고에 숨겨 놓고 있고요). 그럼 소비자는 물건이 동나기 전에 당장 사야 한다고 느껴요(이렇게 되면 충분히 생각할 시간이 없어지거든요).

기업들이 여러분을 다급하게 만드는 또 한 가지 방법은 할인 판매예요. 이미 사려고 마음먹었던 물건을 할인할 때 사는 것은 좋은 생각이에요. 하지만 그저 세일을 한다는 이유만으로 생각지도 못한 물건을 산 적이 얼마나 많았나요? 저는 이런 할인 판매에 부지기수로 넘어갔답니다.

게다가 기업은 할인 행사를 한다고 대대적으로 홍보하고 거짓말을 할 때가 많아요. 원래 가격보다 50% 싸다고 말은 잘하지만, 행사 전 가격이 어땠는지 알지 못한다면 어떻게 확신하겠어요? 어떤 기업들은 심지어 미국의 최대 할인 행사인 블랙프라이데이 기간 전에 고의적으로 가격을 올린 게 들키기까지 했어요. 그래야 할인율이 실제보다 더 크다고 말할 수 있을 테니까요. 완전 사기죠!

여기에 저항하는 방법은 여러분이 사고 싶은 물건 목록을 만들어 가격이 얼마인지 추적하는 거예요. 그럼 할인된 가격이 진짜인지 아닌지 파악하기 쉽겠죠. 만약 뭔가를 급하게 사야 한다는 조급한 마음이 들면 여러분은 십중팔구 조종당하고 있는 거예요.

"귀여우니까 괜찮아" (의인관)

우리 뇌의 경이로운 면을 한 가지 더 소개할게요. '의인관'이란 인간 외의 존재를 인간적 특색이나 인간의 정신적 특성을 부여해 해석하려는 경향을 말해요. 우리는 아기 같은 생물체들을 사랑하고 돌보고 싶도록 뇌의 프로그램이 만들어져 있어요. 그래서 아기 수달 동영상을 보거나 파자마 입은 어린 염소를 보거나 피글렛이 테디 베어를 껴안는 포근한 모습에 어찌할 도리 없이 홀딱 빠져들고 말아요. 우리는 귀여움에 사족을 못 쓰게 되어 있다니까요!

기업들은 이 점을 아주 잘 알아요. 그래서 엄청난 시간과 돈을 들여 자기네 상품을 더욱 귀엽고 인간과 비슷하게 만들어서 우리가 무의식중에 애착을 가지도록 하지요.

"처음이 어렵지, 두 번쯤이야" (선택의 추진력)

일단 무언가에 한번 긍정을 하고 나면 그다음에 긍정하기는 훨씬 쉬워져요. 판매자도 이런 심리를 이용해요. 일단 여러분이 무조건 동의할 만한 질문을 먼저 물어본답니다(예를 들어, '고양이 좋아하세요?'와 같은 질문 말이에요). 그럼 여러분은 그다음 질문에도 '네'라고 대답할 확률이 높아요('그럼 고양이를 위해 럭셔리한 침대를 사는 데 관심이 있겠군요, 그렇죠?').

상점에서도 마찬가지예요. 무언가를 구매하기로 마음먹었다면 그다음 다섯 개를 사기는 훨씬 더 쉬워요. (그래서 슈퍼마켓에는 사탕이 일렬로 늘어서 있는 거죠!)

"이거 아니면 저거?" (미끼 효과)

기업들은 여러분에게 단 두 가지 선택지를 제공해요. 물건을 아예 사지 않는 선택지를 떠올리지 못하도록 주의력을 흐트러뜨리는 거죠.

가방 두 개를 팔고 있다고 해 봐요. 하나는 20,000원, 또 다른 하나는 25,000원이에요. 여러분은 25,000원짜리 가방에 붙어 있는 야광 장식이 5,000원이나 더 비싼 몫을 하는지 고민하느라 그 돈을 다른 곳에 쓸 수 있다는 생각을 싹 잊어 버릴 거예요. 그걸 '기회비용'이라고 해요. 가방 살 돈으로 음료수 스무 잔을 살 수 있을 텐데 말이죠.

"나도 따라 할래!" (군중 심리)

사람은 누구나 소속감을 원해요. 사랑과 포용을 받기를 바라죠. 아주 정상이에요! 비정상적인 것은 광고가 사회를 조종해 '브랜드 제품을 사는 것이 바로 포용'이라고 믿게 만드는 것이죠.

브랜딩은 사람들이 또래나 주변 사람들의 관심을 원한다는 사실을 이용해 돈을 버는 주된 방식이에요. 특히 10대 청소년들 사이에서 유행하는 옷과 기타 브랜드 전략을 보면 이 점을 잘 알 수 있어요. 청소년들은 취미를 공유하며 친구들과 어울리는 것을 아주 중요하게 여기고, 광고는 특정 브랜드 상품을 구매해야 또래들과 잘 어울릴 수 있다고 믿게 만들어요. 하지만 여러분! 서퍼가 되고 싶다면 서핑 용품을 사는 게 아니라 서핑하는 법을 배우는 게 먼저 아닐까요?

제가 열세 살 때 우리 학교 여자아이들 사이에서는 '버펄로'라는 두툼한 신발이 대유행했어요. 학교의 멋진 여자아이들은 모두 그 신발을 신었고 누구나 그 신발을 신고 싶어 했지요. 물론 저도 마찬가지였고요. 그런데 문제가 하나 있었어요. 제가 다니던 학교는 사립학교였는데, 저는 장학금을 받으며 다니고 있었고 제 친구들은 저보다 돈이 훨씬 많은 집 아이들이었어요. 제 부모님은 이미 우리 가족을 부양하기 위해 여러 부업까지 하고 계셔서 비싼 브랜드 옷을 살 여유는 없었어요. 착한 우리 엄마는 제게 버펄로처럼 보이는 신발을 사 주셨지만 그건 짝퉁이었죠(아마 퍼펄로였나?). 전 너무 창피했어요. 엄마한테 짝퉁 신발을 신고 학교에 가는 건 맨발로 가는 것보다 더 최악이라는 걸 설명하려고 애썼던 기억이 나요. 어쨌거나 그 신발의 핵심은 디자인이나 내구성이 아니라 브랜드 제품이라는 것이었어요. 브랜드 이름이야말로 그 제품을 멋져 보이게 하니까요.

정말 바보 같지 않나요? 광고는 이런 식으로 제 머리와 마음을 기가 막히게 조종했어요. 우리 학교 학생 전부의 생각을 조종했죠.

저는 결국 버펄로 신발을 얻지 못했어요. 약 6개월 후 버펄로 유행은 사그라들었고 친구들은 더는 그 신발을 신지 않았고요.

살면서 많은 유행이 떠올랐다 사라지는 걸 보게 될 거예요. 유행은 모두 지나간다는 사실을 기억하세요. 그리고 대부분의 사람은 여러분이 무슨 옷을 입는지 실제로 신경 쓰지 않는다는 사실도요. 사람들은 다른 사람이 본인을 평가한다고 생각하지만 다들 너무 바빠서 여러분을 신경 쓸 여유가 없어요. 게다가 나이가 들어갈수록 정말 멋진 사람은 트렌드를 따라가기보다는 자신만의 스타일을 만드는 사람이라는 것을 알게 될 거예요.

"나도 인플루언서가 될 거야!" (사회적 규범화)

광고는 여러분으로 하여금 주변 사람들이 쓰는 상품을 따라 쓰고 싶어 하도록 만들기 위해 현실 세계의 친구들만 이용하지 않아요. 가짜 친구들까지 이용한다니까요!

저는 SNS를 통해 실생활에서 전혀 만날 일 없는 사람들과 친분을 맺는 일을 참 좋아해요. 실제로도 유튜브와 틱톡, 인스타그램을 하느라 많은 시간을 보내고 있고 수많은 인플루언서들을 팔로우하고 있어요. 때로는 그 사람들이 진짜 친구처럼 느껴지기도 해요. 사람들이 제게 여러 가지를 가르쳐 주고, 저를 웃게 해 주고, 이 세상에 살면서 느끼는 외로움을 덜어 주는 콘텐츠를 만드느라 많은 시간과 노력을 할애하는 것이 고맙고 기뻐요.

하지만 결코 경계를 늦춰서는 안 돼요. 인플루언서들이 특정 상품을 정말 좋아서 홍보하는 게 아니라 돈을 받고 대신 광고해 준다는 것, 그렇게 우리의 욕구와 인식을 형성하는 데 영향을 준다는 점을 절대 잊어서는 안 돼요.

기업은 심지어 우리가 보는 영화와 텔레비전 드라마에 자사 상품을 집어넣기 위해 돈을 내요. 심지어 광고로 위장하고 드라마나 영화를 제작하기도 하죠(예를 들어, 《트랜스포머》라는 영화는 '해즈브로'라는 장난감 회사가 아이들에게 장난감을 팔기 위해 만든 영화예요).

다른 사람들의 삶이 부럽고 질투가 날 때 기억해야 할 것이 몇 가지 있어요. 여러분이 소셜 미디어에서 보는 것은 다른 사람의 인생에서 가장 빛나는 순간들만 모아 놓은 거예요. 여러분이 보고 있는 사진은 특별한 데다 근사하고 즐거워 보이는 경험, 지인들과 보내는 가장 좋은 시간만 골라 전시한 것에 불과해요. 그런 사람들 역시 대부분 시간은 여러분과 다름없이 서툴고, 지루하고, 외롭다는 사실을 명심하세요.

"누가 날 감시하나?" (표적 광고)

여러분이 온라인에서 어떤 활동을 할 때마다 기록이 남아요. 광고주들은 그걸 이용해 여러분이 어떤 사람인지 파악하고 여러분에게만 유효한 맞춤 광고를 만들어요. 그래야 여러분이 그 회사의 물건을 살 확률이 높아지니까요.

오싹해지는 이야기 하나 할까요? 여러분이 규칙적으로 구글을 이용하고 있다면 구글은 이미 여러분에 관해 모르는 게 없을 거예요!

감각 이용하기 (파블로프 반응)

광고에 쓰이는 음악과 미술 작품과 색상과 그 외 다른 모든 것은 여러분에게 보여 주기 위해 세심하게 조율된 것들이에요. 디자인과 미적 측면은 광고에서 아주 큰 부분을 차지해요. 실제로 많은 광고가 정말 근사해요. 그런데 실제 세계에서 음악과 색상과 냄새와 촉각까지 이용해 고객들을 끌어들인다는 사실 알고 있었나요?

음악은 여러분의 심박동에 영향을 끼치고 도파민이라는 화학 물질을 내보내 여러분의 기분을 좋게 만들어요. 클래식 음악은 가치가 있다는 느낌을 증폭시키고 느린 음악은 여러분의 속도를 느리게 만들어 상점에서 보내는 시간과 쓰는 돈의 액수를 늘려요.

일부 상점에서는 갓 구운 빵이나 과자의 냄새를 공기 중으로 퍼트려 쇼핑객들이 집에 있는 것처럼 편안한 느낌을 가지도록 분위기를 조성해요. 꽃향기는 쇼핑객들이 더 오래 돌아다니도록 만들어서 돈을 더 쓰게 만든다고 알려져 있어요. 미국의 신경학자 앨런 허시 박사님의 연구에 따르면 상점에 좋은 향기가 나면 돈을 더 쓰는 사람들이 84%나 된다고 해요.

우리는 결국 파블로프의 개와 별로 다르지 않다는 게 밝혀진 셈이에요. 파블로프의 개는 종소리를 들을 때마다 음식이 주어질 거라 예상하고 침을 흘린 조건 반사의 주인공이죠. 광고는 우리를 계속 훈련시켜서 특정한 매개체가 구매로 이어지도록 만들어요. 영화관에 가면 팝콘을 떠올린다거나 머릿속에서 광고 음악의 멜로디가 계속 반복되는 게 그 예죠.

똑똑한 소비자가 되려면

여러분의 삶에서 광고를 지워 버려요

광고는 여러분이 광고를 보기 전까지는 필요하지 않았던 물건을 필요한 것처럼 생각하게 만들려고 제작돼요. 그건 비참

함과 빈곤함 외에는 여러분에게 아무것도 가져다주지 않을 거예요. 그러니 광고를 여러분의 삶에서 추방하세요!

디지털 기기를 사용하고 있다면 광고 차단 프로그램을 설치해 광고를 볼 일이 없도록 하세요. 텔레비전을 본다면 광고가 나올 때 볼륨을 끄는 습관을 기르세요.

쇼핑몰은 존재 자체로 광고판 역할을 해요. 가급적 멀리하세요. 잡지는 절대 구매하지 말고요. 말 그대로 수많은 광고가 실려 있는 매끈한 종이 무더기니까요. 잡지를 본다면 여러분은 그냥 돈을 내고 광고를 보고 있는 거예요. 쇼핑 중독이 무섭다면 인스타그램 계정을 삭제하는 것도 고려해야 해요. 인스타그램은 그야말로 잡지 묶음인 데다 심지어 끝도 없거든요.

제가 좋아하는 뱅크시라는 멋진 그래피티 작가는 광고를 두고 이렇게 말했어요.

(광고주들은) 당신의 삶에 불쑥 엉덩이를 들이밀고 들어와 싸구려 물건을 들고 나를 저격한 후 유유히 사라진다. 그들은 높디높은 건물에서 당신을 비웃으며 당신에게 초라하다는 느낌을 안긴다. 그자들은 버스에서 경박한 메시지를 날린다. 메시지는 당신이 충분히 매력적이지 않으며 모든 재미는 다른 곳에서 벌어지고 있다고 속삭인다. 저들은 텔레

비전에 나와 당신이 뭔가 모자란다는 느낌이 들도록 한다. 저들은 세상이 목격한 가장 정교한 기술에 접근해 그것으로 당신을 괴롭히고 모욕한다.

여러분을 괴롭히는 자들을 참지 말아요. 가능한 한 광고를 여러분의 삶에서 멀리 치워 버리세요.

친구들에게 아니라고 대답하는 법을 터득하세요

저는 고통스러운 경험을 하고 친구 제이미와 쇼핑을 가지 않는 법을 터득했어요. 제이미는 원하면 언제든지 긁을 수 있는 신용 카드가 있고, 제가 아는 가장 열정적인 사람 중 한 명이에요. 제이미는 반짝이는 예쁜 옷을 내게 걸쳐 놓고 내가 얼마나 멋져 보이는지 말하죠. 그럼 전 절대로 벗어날 수 없어요. 그 자리에서 반짝이가 달린 옷을 사야만 해요. 그 순간에는 값이 얼마건 상관없어요(그런 근사한 옷을 입고 갈 곳도 없는데 말이에요!). 그리고 안 된다는 말을 하지 않는 내 모습이 멋지기도 하고요. 하지만 전 이제 우리가 쇼핑하러 함께 갈 수 없다는 것을 알아요. 결국 스스로 후회할 물건을 사고 말테니까요.

아마 여러분도 살면서 여러분보다 부자인 친구들을 만나게 될 것이고 여러분보다 가난한 친구도 사귀게 될 거예요. 여러분보다 돈 관리를 잘하는 친구도 만나고 돈을 물 쓰듯 사용하는 친구도 만날 거고요. 친구들과 자기 자신 사이에 경계선을 긋는 법을 배우는 것은 돈으로 우정을 망치지 않도록 하는 훌륭한 방법이에요.

저는 친구들과 놀러 가면 음식값을 공평하게 나눠 내기 위해 노력해요. 어떤 친구는 택시비를 내고 어떤 친구는 밥을 사면서 감당할 수 없는 지출을 막을 수 있어요.

또한 친구들에게 되도록 돈을 빌려주지 않는 게 좋아요. 돈을 빌려줄 거라면 그냥 준다고 생각하는 게 마음 편해요. 정말 여유가 있을 때, 그리고 스스로 주고 싶을 때만 주는 거지요. 왜냐하면 제겐 우정이 돈보다 훨씬 중요하기 때문이에요. 돈을 친구들에게 빌려주는 것은 돈과 우정을 한 번에 잃는 가장 빠른 방법이랍니다.

돈을 빌려준 순간 여러분은 친구의 은행이 되어 버려요. 그렇게 되면 서로에게 느끼는 새로운 감정이 생겨날 거예요. 결코 우정이 아닌, 그런 감정 말이죠. 여러분의 친구는 당장 돈을 갚지 못해 죄책감을 느끼게 될 테고 여러분은 친구가 여러분에게 빚진 돈을 당장 갚지 않아 비난하고 싶고 이용당했다는 느낌에 사로잡힐 수도 있고요. 어떤 감정이든 여러분의 우정을 망가트릴 수 있어요.

지금 가진 것에 감사하는 마음을 가져요

우리 인간이 주로 하는 일 중 하나는 마음에 난 구멍을 채우기 위해 물건을 사는 거예요. 우리는 그 물건이 자신을 더 사랑스럽거나 성공한 것처럼 돋보이게 만들고 부러움의 대상이 될 수 있게 해 준다고 생각해요. 어른이 되어도 이런 일에서 자유롭진 못해요. 우리 마음을 채우는 훨씬 더 좋은 방법은 그저 우리 자신의 모습이 괜찮다고 느끼도록 노력하는 거예요.

산처럼 쌓인 과학 연구 결과가 뒷받침하는 좋은 방법이 있어요. 너무 간단해서 소개하기도 민망하지만 말해 줄게요. 하루를 마무리하면서 감사한 것 세 가지를 쓰는 거예요.

아하, 압니다, 알아요. 조금 오글거린다고요? 하지만 제가 보장하죠. 이건 정말 효과가 좋은 방법이라는 걸.

여러분은 이미 가지고 있는 물건이 많아요. 그 물건들을 사면서 마찬가지로 더 행복해질 거란 기대를 했겠죠. 그러니 무언가 다른 물건을 사기 전에 이미 가지고 있는 것을 소중히 여기는 시간을 좀 가졌으면 해요. 깨끗하게 닦고, 정돈하고, 정리하세요. 감사하는 마음을 잊지 말자고요! 새 옷을 사기 전에 옷장에 들어가서 이미 있는 옷을 둘러보고 한번 입어 보세요. 새 책을 사기 전에 책장에 꽂혀 있는 아직 읽지 않은 책들을 보세요. 여러분의 인생은 이미 근사하다고요!

습관을 부숴 버려요

여러분은 일상생활의 많은 부분에서 매 순간 온전히 결정을 내리고 있다고 느끼나요? 대부분의 사람은 자신이 결정을 내리고 있다는 사실조차 모르고 있을 거예요.

질문 하나 할게요. 어제 아침에 일어나자마자 한 시간 동안 무엇을 했나요? 아침 식사로 시리얼을 먹었나요? 학교 수업 가는 길에 친구들을 만났나요? 그 전날은요?

사람들은 인생의 대부분을 자동 조종 장치를 따라 살고 있어요. 별 의식 없이 살아간다는 말이죠. 우리 뇌는 주변의 신호에 반응하면서 마치 기계처럼 습관적인 일들을 수행해요. 이런 습관에는 생각 없이 돈을 쓰는 일이 포함되어 있어요. 습관은 약간의 주기를 두고 움직인답니다.

- **신호**: 두뇌로 하여금 무의식적으로 보상을 원하게 만드는 계기나 도화선. 자판기 앞을 지나간다거나 가장 좋아하는 티셔츠 브랜드의 광고를 본다거나 하는 일을 예로 들 수 있어요.
- **습관**: 매일 하는 행동.
- **보상**: 당분에서 오는 도파민의 쾌감, 목마름을 채워 주는 일 등.

오직 의지만으로 습관에서 벗어나려고 하는 일은 아예 꿈도 꾸지 마세요! 너무 어렵다고요!

이걸 한번 해 보세요. 첫째, 자신의 신호－습관－보상 주기가 어떤 모습인지 파악하세요. 사이클이 반복되는 동안 어디에 있었고, 전에는 어떤 느낌이었는지, 그 후에는 어떤 느낌이었는지 노트에 적으세요. 정말 원하는 보상이 무엇인지 자기 자신에게 물어보세요. 매일 오후 친구들과 도넛을 먹고 있다면 아마 여러분이 기대하는 보상은 도넛보다 친구들과 보내는 시간일 거예요.

자신의 신호－습관－보상 사이클을 파악했다면, 어떻게 하고 싶은지 다음 두 가지 선택지 중에서 골라 보세요.

1. 신호를 피하세요. 피할 수 있다면요.
2. 신호가 행동(습관)을 일으키려고 할 때 비슷하지만 다른 보상을 얻을 수 있는 습관으로 바꾸세요. 친구들과 도넛을 먹지 말고 동네를 짧게 한 바퀴 도는 거죠. 아니면 농구를 해도 좋고요.

습관이라는 것은 심리적인 문제이므로 습관과 맞붙어 싸우려면 꽤 심오한 심리 탐색을 해야 해요. 몇 년 전의 저는 제가 몇 달에 한 번씩 무작정 쇼핑을 하고 필요도 없는 옷을 사고 있다는 사실을 깨달았어요. 시간을 들여 제 자신을 관찰했더니 스스로 정말 매력 없다고 느낄 때마다 이런 짓을 벌이고 있더군요. 그런 느낌이 바로 저의 신호였어요.

그에 대한 보상은 제 몸을 제가 통제하고 있다고 느끼는 것이었어요. 근사한 옷을 걸쳐 입으면 더 멋져 보이게 만들 수 있다고 생각해서였죠. 제가 매력이 없다고 스스로 느끼지 않도록 노력하는 대신, 똑같은 보상을 주면서 건강에도 좋은 습관으로 바꾸었어요. 제 자신이 매력이 없다고 느낄 때마다 운동을 하러 나갔죠. 내가 왜 그런 행동을 하는지 또는 내가 정말로 원하는 게 무엇인지 알게 되면 습관을 바꾸는 일이 훨씬 더 쉬워진답니다.

원하지 않는 물건은 반품하세요

대부분 상점에서는 반품이 가능해요. 정해진 기일 안에 가져가되, 쓰지 않고 원 상태 그대로 유지한다면 말이죠. 어떤 상점은 현금을 돌려주기도 하고 상품권을 주는 곳도 있어요. 생각 없이 물건을 사라는 말이 아니에요(게다가 물건을 쓴 다음 돌려준다고요? 그런 짓은 결코 옳지 않아요). 그 물건을 구매한 걸 후회한다면 그냥 바로 반품하라는 거죠.

반품에 대해 꺼릴 필요는 없답니다. 오히려 여러분이 정말로 원하지도 않는 물건을 사도록 여러분을 부추긴 건 그 상점일 테니까요.

물건을 사기 전에 상점의 반품 정책을 먼저 알아보는 습관을 가지세요. 영수증은 꼭 안전한 곳에 보관해 두고요. 어색하고 불편한 상황을 극복하도록 반품하는 연습도 해 보세요. 저렴하고 그닥 사용하지 않을 것 같은 물건을 사세요. 현금 반환이 가능한 곳에서요. 그리고 다음 날 다시 가져가서 돌려주는 거예요. 별로 어려워 보이진 않죠?

현금을 사용하세요

은행 카드를 사용하지 않으려고 애쓰고 있다면 현금과 봉투를 사용하세요. 장담하는데, 그럼 소비를 통제하기가 훨씬 더 쉬워질 거예요.

처어어어어언천히, 아주 천천히 쇼핑하세요

머릿속에 뇌가 두 개라고 상상하면 도움이 돼요. 괴상한 소리로 들리겠지만 제 말 잘 들어 보세요.

'앞쪽 뇌'(일단 그렇게 불러요)는 아주 세련된 녀석이에요. 그 뇌가 만약 사람으로 변신한다면 재미로 십자말 풀이를 하거나 사전을 읽을 거예요. 아주 똑똑한 뇌죠.

하지만 다른 뇌는… 똑똑하지는 않지만 확실히 들떠 있어요. 그 뇌가 사람이라면 사탕을 잔뜩 집어 먹은 다섯 살짜리 꼬마 아이처럼 방방 뛰어다니면서 재미있어 보이는 일들을 찾을 거예요. 그 녀석을 '뒤쪽 뇌'라고 불러요.

앞쪽 뇌가 뒤쪽 뇌보다 대체로 더 나은 결정을 내리는 건 당연하겠죠? 하지만 문제가 있어요. 여러분의 앞쪽 뇌는 결정을 아주 처어어어언천히 내려요. 모든 선택지를 비교하고 한 가지 선택을 했을 경우 가능한 모든 결과를 검토하고 싶어 하기 때문이죠. 만약 앞쪽 뇌가 모든 결정을 내린다면, 결국 아무것도 하지 못할 거예요. 그래서 현실에서는 대부분 뒤쪽 뇌가 결정을 내리지요.

뒤쪽 뇌는 실제로 중요해요. 잠시 고민할 틈조차 없는 무섭거나 위험한 상황에서 신속히 반응하는 뇌거든요. 두 개의 뇌는 강점과 약점이 서로 다르므로 둘 다 필요해요(앞쪽 뇌, 뒤쪽 뇌, 이런 비유가 이상하게 들린다는 것 알아요. 하지만 인간의 행동을 연구하는 사람들은 우리에게 완전히 다른 사고방식 두 가지가 실제로 존재한다고 말해요. 과학자들은 그걸 '빠른 사고'와 '느린 사고'라고 불러요. 대니얼 카너먼이라는 심리학자는 이 연구로 노벨상을 받았답니다). 여러분의 앞쪽 뇌는 뒤쪽 뇌보다 잘나지는 않았지만 돈을 쓰는 일에는 더 나은 결정을 내린다고 할 수 있어요.

글쎄, 오렌지에는 비타민C가 더 많이 들어 있어.
하지만 오늘 아침에 이미 오렌지를 하나 먹었는데...
비타민C를 너무 많이 섭취해도 좋지 않다고 들은 것 같아.
인터넷에 한번 검색해 볼까?
아니면 비타민을 먹었으니 섬유질을 보충하는 것도 괜찮을 거야.
섬유질하면 배인데... 아, 그러고 보니 어제 과일 농장에서
살충제를 사용한다는 기사를 읽었어. 잘못 먹었다간 내 몸에
농약이 쌓이는 건 아닐까?

사과가 맛있어 보여!
이걸로 하자!!

앞쪽 뇌

뒤쪽 뇌

여러분의 앞쪽 뇌가 소비를 담당하도록 바꾸는 비결은 앞쪽 뇌의 속도를 따라가는 거예요. 다시 말해, 가능한 한 아주 처어어어어언천히 생각하고 결정한다는 말이죠. 앞쪽 뇌는 다음과 같이 쇼핑을 해요.

1. 앞쪽 뇌는 상점에 가기 전에 사고 싶은 것이 정확히 무엇인지, 그리고 가장 좋은 상품을 고르는 기준이 무엇인지 며칠 동안 생각해요.
2. 상점에 가기 전에 앞쪽 뇌는 온라인에서 리뷰를 찬찬히 살펴봐요. 상품 평이 광고거나 인플루언서가 돈을 받고 홍보하는 것인지 점검하는 일도 게을리하지 않지요.
3. 상점에 가기 전에 자기가 사고 싶은 물건이 얼마인지 조사해요(앵커링 효과를 견제하면서요).
4. 그런 다음에야 상점에 가요. 물건의 질을 점검하고 상점의 반품 정책을 살펴보고 이거다! 싶을 때 구매해요.

여러분 스스로 충동구매를 하고 있다는 생각이 든다면, 다시 말해 상점에서 멋있어 보인다는 이유만으로 물건을 덜컥 산다면 그건 여러분의 뒤쪽 뇌가 결정을 내리고 있다는 뜻이에요. 그럴 때는 '쿨링오프(냉각)' 규칙을 적용해 보세요. 물건을 보는 것과 사는 것 사이에 최소한 24시간 간격을 두고 기다린다는 뜻이에요. 이렇게 여러분의 앞쪽 뇌를 깨워서 상황을 파악하고 가진 돈으로 할 수 있는 더 멋진 일을 탐색할 시간을 주는 거예요.

제 성장 과정에서 엄마와 저는 3개월 냉각 규칙을 만들었어요. 새 취미를 시작해 필요한 물품을 사도록 허락을 받기 전에 일단 3개월은 생각해 본다는 것이었죠. 저에게는 아주 힘세고 강력한 뒤쪽 뇌가 있어 무언가 충동적으로 시작하는 일에 도가 텄거든요(새 악기를 배우자! 무술을 배워야 해! 요가! 그림! 야호!). 하지만 대부분 한 달이 지나면 흥미를 잃었어요.

보세요, 저는 이 모든 이야기가 지루하기 짝이 없는 것처럼 들린다는 것을 잘 알고 있어요. 하지만 여러분의 앞쪽 뇌가 돈을 쓸 때 주도권을 갖는 일은 매우 중요해요. 뒤쪽 뇌에게 가끔 자유를 주는 건 스트레스나 우울감을 줄이는 데 좋아요. 하지만 그런 순간은 오직 오락비 전용 봉투를 열 때뿐이라는 것을 기억하세요.

할인 판매를 적극 찾아보세요

여러분의 앞쪽 뇌가 주도권을 잡고 아주 고심하며 천천히 구매 결정을 내리고 있다면(다시 말해 목록이 있고, 예산이 있고, 원하는 물건에 대한 조사도 끝냈다면) 돈을 아끼는 좋은 방법으로 할인 이벤트를 찾아보세요. 단, 할인 판매는 뒤쪽 뇌에게 던지는 미끼라는 것을 주의하세요. 할인을 한다고 해서 계획도 없이 무작정 사면 안 돼요. 절대로 뒤쪽 뇌를 할인 행사장에 데려가지 마세요!

제가 주로 이용하는 방법은 할인할 때를 기다리지 않고 중고 물건을 사는 거예요. 저는 최신 기기, 옷, 신발, 가정용품 대부분을 중고로 구매한답니다. 독특하고 흥미로운 물건을 찾을 수도 있어요. 환경에도 훨씬 더 좋고요. 새 물건을 끊임없이 만드는 일은 우리가 살고 있는 지구를 파괴하는 행위니까요.

전자 기기 회사들이 끊임없이 새 시리즈를 만들고 매년 업데이트해 여러분이 새 물건을 사도록 조종한다는 점에 유념하세요. 이런 덫에 빠져들지 말아요. 과연 그 어렵고 복잡한 기술이란 게 일 년 동안 그렇게 많이 발전했을까요? 여러분이 최상의 스크린 해상도를 자랑하는 제품을 사야만 최고로 행복하다고 느낄 정도로?

총비용을 따져 보세요

언젠가 여러분이 첫 휴대폰을 갖게 될 때(아니면 이미 가지고 있거나) 약정으로 사는 것이 직접 사는 것보다 훨씬 더 싸다고 생각할지도 몰라요. 하지만 이건 속임수예요.

보세요, 약정이라는 건 아주 이상한 형태의 빚이에요. 2년 동안 그 작은 기계 하나에 계속해서 돈을 내야 하거든요. 매월 내는 액수는 꽤 작아 보일 수 있지만 전부 합한 값을 무시해선 안 돼요.

새 휴대폰을 사려 할 때 1,000,000원짜리 가격표를 보고 이런 생각이 들 수 있어요. '휴대폰 하나에 왜 이렇게 큰돈을 써야 하지?' 그런데 생각해 보세요. 직접 구매하지 않으면 인생의 2년이나 되는 기간에 훨씬 더 많은 돈이 나간단 말이죠?

그러니까 부모님이 휴대폰을 사 주시기로 약속했거나 저축한 돈으로 사도 된다고 허락하셨더라도 한번 꾹 참아 보세요. 돈을 모아서 현금으로 사세요. 저렴한 모델도 많이 나와 있으니까요(중고도 괜찮아요). 그런 다음 유심(USIM) 칩을 사서 심으세요.

이러한 규칙은 비단 전자 기기뿐만 아니라 모든 것에 적용할 수 있어요. 빚으로 다달이 나가는 돈을 신경 쓰느라 주의가 산만해져선 안 돼요. 총비용을 살펴보세요. 할부보다는 현금을 저축해 일시불로 사는 것이 늘 이득이랍니다.

싸게 자주 사면 행복은 커집니다

제 친구의 딸은 음악을 정말 사랑해요. 초등학생일 때부터 곡을 만들고 노래했지요. 말리라는 아이인데 고등학교에 입학하면서 꽤 비싼 전자 키보드를 갖고 싶어 했어요. 살 수 있을 만큼 꾸준히 저축도 했고요. 그런데 말리의 합창단 선생님이 말리의 일을 알고 말리가 가지고 싶어 한 키보드 대신 훨씬 더 저렴한 키보드를 사면 어떻겠냐고 제안하셨어요. 선생님은 말리에게 굳이 비싼 키보드가 필요 없다는 걸 알고 계셨던 거예요. 게다가 말리가 키보드에 돈을 다 쓰면 음악 축제를 보러 여행을 떠날 수 없다는 것도 알고 계셨죠. 말리는 선생님의 조언을 따랐어요. 덕분에 여행을 떠나 지역 음악가의 친필 서명이 담긴 CD를 두어 장 사고, 정말 근사한 녹음 및 편집 프로그램도 사용할 수 있게 되었어요. 지금 말리는 첫 뮤직비디오를 만들고 있어요.

연구 결과, 사람들은 대체로 가격이 저렴한 물건을 자주 살수록 더 행복감을 느껴요. 작은 물건을 소소하게 많이 사면 큰 물건 하나를 사는 것보다 더 만족할 수 있다는 말이죠. 그러니까 여러분의 장바구니에 크고 비싼 물건이 있다면 더 저렴한 다른 물건을 사는 쪽을 고려해 보세요.

사기에 대처해요

은행을 이용할 때 안전에 대한 조언을 몇 가지 받을 거예요. 꼭 알아야 할 중요한 내용이에요. 이미 은행 계좌가 있고 여러 번 이용한 적이 있다면 기본적인 사항은 알고 있을 거예요. 예를 들어, ATM 기기 앞에서 다른 사람에게 도움을 받으면 안 된다든가, 누구에게도 자신의 비밀번호를 알려 주면 안 된다는 것 말이에요. 누가 되었든지 여러분의 은행 카드를 다른 사람에게 맡겨선 안 돼요. 여러분의 개인 정보 같은 중요한 내용이 담긴 문서도 쓰레기통에 함부로 버려선 절대 안 돼요. 잘게 찢어서 버리거나 파쇄기에 넣어 처리하세요.

온라인 뱅킹을 이용할 때 주의할 점

• 안전한 개인 네트워크를 이용하세요. 카페나 쇼핑몰의 공공 와이파이처럼 보안이 안 된 네트워크를 쓰면 위험해요.

• 가짜가 아닌 진짜 은행 사이트인지 꼭 확인해야 해요. 웹사이트가 안전한지도 확인하세요(가령 'http'가 아니라 'https'로 시작하는 주소가 있어야 해요).

• 어떤 기기에도 암호를 저장하지 마세요.

• 추가 안전을 위해 거래 사항을 SMS나 전자 우편으로 실시간 전송을 받을 거예요. 그때 그 정보가 정확한지 꼭 확인하세요.

• 문자나 이메일로 받은 인터넷 링크를 함부로 클릭하지 마세요. 전형적인 피싱 수법이에요. 사기꾼들은 여러분을 가짜 웹사이트로 유도해 정보를 빼내려고 해요.

- 일이 끝났다면 꼭 로그아웃 하는 습관을 들이세요. 웹페이지를 열어 두거나 그냥 닫지 말고요.

앱을 쓰는 경우 주의할 점

- 가짜 앱을 설치하지는 않았는지 확인하세요. 앱 스토어의 리뷰를 살펴보면 도움이 될 거예요.
- 로그인 할 때는 여러 가지 정보를 입력할 거예요. ID나 비밀번호 같은 것 말이에요. 요즘 앱은 지문이나 FACE ID, 음성 인식처럼 더 정교한 방법을 쓰기도 해요. 가능하면 이런 옵션을 활용하세요.
- 꼭 제대로 로그아웃 하세요. 그냥 닫아서는 안 돼요.
- 휴대폰이나 노트북 컴퓨터에 비밀번호를 저장하지 마세요.
- 휴대폰으로 은행 업무를 볼 때는 안전장치를 하세요. 암호를 걸어서 잃어버리거나 도둑맞는 경우, 함부로 들어가지 못하도록 만드세요.
- 가급적이면 공공장소에서 사용하지 마세요. 여러분이 은행 앱에 접속하는 동안 정보가 노출될 수도 있으니까요.

피싱을 당했다면

대체로 은행 계좌에서 돈을 도둑맞았다면 은행은 책임지고 여러분에게 돈을 돌려줘야 해요(은행에 돈을 맡기는 것도 그런 이유에서니까요). 하지만 은행은 돈을 돌려주지 않으려고 핑계를 대는 경우가 많아요. 정말 나쁘죠. 이런 상황에서 할 수 있는 일을 알려 줄게요.

돈이 계좌에서 없어졌다면

1. 은행에 신고하세요.
2. 은행에 사기 거래 추적을 요청하세요.
3. 은행이 도난당한 액수 전액이나 일부를 돌려줄 수도 있어요. 관련 청구서를 작성해 제출해야 할 거예요.
4. 경찰에 사건 접수도 해야 해요.

카드를 도난당했다면

1. 은행에 즉시 연락해 카드 정지를 요청하세요.
2. 휴대폰까지 동시에 도난당했다면 통신사 고객 센터에 신고하고 휴대폰 소액 결제 등의 추가 피해를 막아야 해요.
3. 은행과 최근 카드 거래 내역을 확인하세요. 이미 거래된 내역이 있다면 그 돈은 돌려받지 못할 수도 있어요.

누군가 내 이름으로 계좌를 열었다면

1. 이건 신원 도용 범죄예요. 보호자에게 알리고 즉시 경찰에 신고하세요.

2. 담당 기관(은행)에도 알려야 해요.

핵심 정리 노트

✔ 광고에 속아 넘어가지 않도록 똑똑한 소비자가 되는 것이 중요해요. 광고인들이 자주 쓰는 술법을 잘 파악하세요.

✔ 똑똑한 소비자가 될 수 있는 방법은 많지만 간단하게 요약하자면, 자신을 파악하는 것 그리고 아주 천천히 구매 결정을 내리는 것이에요. 앞쪽 뇌가 결정을 내리도록 하세요.

✔ 음흉한 사기꾼으로부터 여러분의 돈을 안전하게 지키세요.

돈은
선을 위한 힘이다

여러분은 평생 많은 돈을 관리하게 될 거예요. 그건 큰 책임을 지는 일이지요. 돈은 큰 힘을 가지고 있으니까요. 그 힘을 이용해 좋은 일을 할 수도 있고 나쁜 일을 할 수도 있어요. 돈으로 할 수 있는 좋은 일에 관해 이야기하면서 이 책을 마무리하려고 해요.

자선 단체 기부

세상은 불평등하다는 것을 여러분도 이제 잘 알 거예요. 돈으로 할 수 있는 좋은 일들 중에 가장 단순한 방법은 여러분보다 돈이 간절한 사람들이나 단체에 돈을 기부하는 거예요.

　기부는 여러분에게도 좋은 일이에요. 연구에 따르면, 기부는 여러분을 가장 행복하게 해 주는 소비 유형 중 하나랍니다. 돈을 기부하면 밤잠을 못 이루게 만드는 복잡한 문제들에 대해 여러분이 무력하다는 느낌을 조금이나마 덜어 줄 수 있어요. 여러분이 직접 어려운 사람들을 돕기 위해 적극적으로 무언가를 하고 있다는 느낌을 가질 수 있지요.

　기부할 곳을 조사해 보세요. 안타깝게도 일부 사람들은 가짜 단체를 운영해 착한 사람들의 돈을 갈취하기도 해요. 그러니 여러분이 기부한 돈이 가야 할 곳으로 제대로 가는지 확인할 필요가 있어요. 온라인에서 많은 자선 단체 목록을 볼 수 있어요. 환경을 보호하거나 동물을 구하거나 보호자가 없는 어린아이들을 돌보거나 몸이 불편한 사람들을 돕거나 질병 퇴치나 성 소수자의 인권 향상을 위해 애쓰거나 부정부패를 고발하는 탐사 저널리즘을 하거나 사회 평등을 위해 법을 개혁하는 일을 하는 등 온갖 종류의 일을 하는 단체들이 넘쳐나요. 종교 기관을 통해 기부하는 사람들도 있어요. 이 또한 좋은 기부 방법이죠.

　가끔 생각날 때마다 기부해도 좋고, 매달 일정액이 빠져나가도록 설정할 수도 있어요('기부금'이라는 봉투를 만들어 볼까요?).

기부할 수 있는 게 돈만 있는 건 아니에요. 여러분의 시간 역시 기부할 수 있어요. 단체 활동에 참여해 자원봉사를 하면 새로운 것을 배우고, 사람들과 인연을 맺고, 세상에 이로운 일이 될 수 있어요. 장담하는데, 여러분은 주는 것보다 많은 것을 받게 될 거예요.

세금

누구나 소득의 일부를 정부에 의무적으로 내야 해요. 이걸 '세금'이라고 하죠.

세금은 중요해요. 세금으로 도로와 학교와 병원을 짓거든요. 때로 부정부패한 사람들이 세금을 남용하기도 하지만 그 어떤 사회도 모두에게 이득이 되는 일에 투자하지 않는다면 그 사회는 제대로 기능할 수 없어요. 그리고 세금은 그런 일을 할 수 있도록 도와준답니다.

세금은 국가 내 불평등을 평등하게 조정하는 일을 수행해요. 스웨덴이 세계에서 가장 평등한 국가가 될 수 있었던 이유는 부자들에게 높은 세금을 거두어 가난한 사람들에게 나눠주기 때문이지요. 세금이 없었다면 스웨덴은 지금보다 훨씬 불평등한 나라가 됐을 거예요. 평등한 나라일수록 폭력이 드물고 누구나 더 행복하게 살아가는 경향이 있어요.

살면서 여러분이 만나게 될 세금의 유형은 상당히 많고 다양해요. 중요하게 알아야 할 세금 유형 몇 가지를 소개할게요.

부가 가치세(VAT)

부가 가치세는 판매되고 있는 모든 상품이나 서비스에 붙는 세금을 말해요. 여러분은 이미 이 세금을 내고 있어요. 어떤 물건들은 사람들의 소비를 늘리거나 줄이려는 목적으로 특별한 세금이 붙기도 해요. 탄산음료나 담배 같은 상품은 덜 사게 하려고 '죄악세'가 붙는답니다.

개인 소득세

매년 일정액 이상의 소득을 번다면 누구나 그중 일부를 정부에 내야 해요. 만약 회사에 정규직으로 속해 있다면 월급을 주기 전에 미리 자동으로 세금을 징수해요. '세금 원천 징수'라고 하지요. 이 세금은 소득의 출처와 상관없이 무조건 내는 돈이에요. 월급, 부업, 자영업, 임대업 등 모두 소득세를 내야 하지요.

소득세는 소득액에 따라 책정되고 부과되기 때문에 돈을 많이 벌수록 내야 하는 세금도 많아져요.

양도 소득세 / 배당세

양도 소득세는 개인이 소유한 자산 가치가 늘어날 때 내는 세금이에요. 대개 자산을 팔 때 발생하지요. 주식 투자를 해서 배당금을 받을 때도 배당세를 낸답니다.

상속세

사망으로 재산이 이전되는 경우에 발생하는 세금이에요. 부자들이 신탁을 하는 이유 중 하나가 바로 상속세를 아끼기 위해서랍니다.

세금에 대한 불만

남아공의 최고 세율은 45%예요. 한국의 경우 소득세는 45%, 상속세는 50%로 만만치 않지요. 1950년대와 1960년대 영국과 미국에서는 최고 세율이 90%를 넘었다는 사실, 혹시 알고 있나요? 주변 어른들이 세금이 너무 높다고 불평하시거든 참고로 알아 두세요.

윤리적 소비

여러분은 어떤 물건이나 서비스를 구매할 때마다 여러분이 살고 싶은 세상에 투표하는 것이나 마찬가지예요. 여러분의 돈은 여러분이 좋아하는 것을 누릴 수 있게 해 준 기업에게 보상처럼 주어지는 거죠. 만약 여러분이 환경친화적인 물건을 만들거나, 노동자를 잘 대우하거나, 지역 사회를 후원하는 기업을 지지하고 싶다면 그 기업에서 생산한 제품을 사세요.

우리는 돈을 가진 사람으로서 소비할 때 세상에 어떤 영향을 끼치고 있는지 알아야 할 의무가 있어요. 여러분이 가장 좋아하는 브랜드와 제품을 자세하게 알아볼 시간을 가지라는 뜻이에요. 내가 먹는 식재료는 어디서 재배할까? 옷은 어떻게 만들어질까? 내가 새 휴대폰을 사면 이득을 보는 사람은 누구일까? 이러한 질문에 대한 답은 온라인에서 찾아볼 수 있고 상당수가 충격적일 수도 있어요.

있잖아요, 우리 중 누구도 늘 완벽할 수는 없어요. 대체로 윤리적인 방식으로 만든 물건은 비윤리적인 물건보다 비싸요. 비윤리적인 기업들은 자신들이 입힌 손해를 다른 사람의 책임으로 전가하기 때문이죠(예를 들어, 비윤리적인 기업은 자사 산업 폐기물을 우리가 사는 환경에 무단으로 투기해요). 하지만 우리는 최선을 다해야 해요.

여러분이 기업의 일부를 살 때, 즉 주식을 살 때도 윤리적인 소비자가 될 수 있어요. 여러분의 돈을 지구 온난화를 가속화시키거나 사람들을 아프게 만들거나 동물을 학대하는 기업에 주고 싶지는 않겠죠? 그럴 때는 비윤리적이라고 비판받는 기업들을 제외한 글로벌 인덱스 펀드를 살 수 있어요. 아직 충분하진 않지만 새로운 펀드들이 매년 생겨나고 있답니다.

자율학습

만약 여러분이 최근에 주식을 샀다면 그 기업에 대해 조사해 보세요.

능동적 참여

개개인이 일상에서 작은 변화를 시도하는 것만으로는 충분하지 않아요. 진정한 변화를 일구려면 사회의 큰 체제를 바꿔야 해요. 즉, 법을 바꿔야 하죠. 세상을 파괴하거나 사람들을 악용하지 않는 새로운 사업을 시작해야 해요. 정부를 이끌어가는 사람들이 개인의 이익이 아닌 나라를 위해 일하는지 확인하고 꼭 그렇게 되도록 만들어야 해요.

따라서 여러분이 좋아하고 신경 쓰는 것들에 대해 깊이 배우는 일을 게을리해선 안 돼요. 다른 사람들에게도 여러분이 배운 것을 알려 주세요. 지역 정치에 참여하세요. 활동가가 되어 보세요. 여러분만의 고유한 기량과 재능을 더 나은 세상을 만들기 위한 싸움에 무기로 사용하세요.

알아요, 이들 중 쉬운 일은 하나도 없어요. 누구도 혼자서 이 일을 해내진 못하겠지요. 하지만 사회에 가장 큰 변화를 가져온 사람들은 늘 청년들이었어요. 여러분 세대를 보고 있으면 전 한가득 희망을 느껴요. 여러분이 만들어 나갈 세상이 보고 싶어 기다릴 수 없을 지경이에요.

인생을 즐겨요

행복하게 사는 법을 담은 교과서는 없어요. 가끔 돈으로 아주 바보 같은 짓을 해야 할 때도 있을 거예요. 다른 일이 더 중요하기 때문이죠. 저도 한때는 약 800만 원을 빚진 적이 있어요. 1년 동안 세계 여행을 하기 위해서요. 그때 진 빚을 후회하지는 않아요. 물론 제 경제 사정을 다시 되돌리는 데는 여러 해가 걸렸지만요.

돈은 여러분이 살아가는 인생의 일부예요. 누구도 예외는 없어요. 돈은 우리에게 선택권을 줘요. 돈은 여러분을 가두기도 하고 자유를 선사하기도 해요.

중요한 건, 돈을 잘 다루는 법을 습득하는 일은 살아가는 내내 모두가 평생 해야 할 일이라는 점이에요. 어느 날 돈의 마스터가 돼서 "와, 난 이제 돈의 달인이야"라고 말할 수 있는 날은 오지 않아요. 실수하고 그르치는 때도 있을 거예요. 하지만 중요한 것은 완벽해지려고 노력하는 게 아니라 그저 좀 더 나아지고 좀 더 의식하려고 애쓰는 일이에요. 자기 자신에게 더 많은 선택지를 주려고 노력하는 거죠. 여러분이 진정으로 원하는 삶, 더 행복한 삶을 향해 나아가는 거예요.

사실 그런 삶은 대부분 돈과는 전혀 관련 없어요. 행복한 삶의 비밀은 여러분 자신을 아는 거예요. 그리고 더욱 슬기로워지고 생각을 할 줄 알게 되는 일이죠. 여러분 자신에게 의미 있는 삶이 무엇인지 알게 되는 것이고요. 인생이라는 한 권의 책에 담겨 있는 온갖 기이한 굴곡과 변화에 관한 이야기예요.

산에 가서 긴 산책을 해 보세요. 친구들과 밤새 길고 진솔한 대화를 나누거나, 가족들과 보드게임을 하면서 시간을 보내거나, 책을 읽는 것도 좋겠죠. 스스로 자랑스러움을 느낄 만한 일을 잔뜩 만들어 보세요. 자원봉사를 하고 무언가 작품을 만들어 보세요. 자신을 위해 시간을 쓰는 법을 배우세요. 여러분이 어떤 사람인지, 정말로 좋아하는 것이 무엇인지 알아 가세요. 시중의 광고가 여러분의 머리와 마음을 사로잡고 여러분이 꼭 알아야 하고 해야 하는 것들을 막지 못하도록 마음의 방패를 만드세요.

여러분이 살아갈 인생은 단 한 번뿐이니까요!

참고문헌

- Andal, W. (2016). *Finance 101 for Kids: Money Lessons Children Cannot Afford to Miss.* Minneapolis: Mill City Press.
- Booysen, W., Bronkhorst, J. & King, S. (2013). *Economic and Management Sciences: Learner's Book.* Cape Town: Oxford University Press.
- Cruze, R. & Ramsey, D. (2014). *Smart Money, Smart Kids: Raising the Next Generation to Win with Money.* Brentwood: Lampo Press.
- Cuban, M., Patel, S. & McCue, I. (2018). *Kid Start-up: How You Can Be an Entrepreneur.* New York: Diversion Books.
- Dominguez, J. & Robin, V. (2008). *Your Money or Your Life.* London: Penguin Books.
- Fisher-French, M. (2015). *Maya on Money: Implement Your Money Plan.* Cape Town: Tafelberg.
- Fontaine, M., Glista, J. & McKenna, J. (2016). *How to Turn $100 into $1,000,000: A Guide to Earning, Saving and Investing.* New York: Workman Publishing Company.
- Honig, D. & Karlitz, G. (1999). *Growing Money: A Complete Investing Guide for Kids.* New York: Penguin Group.
- Ingram, W. (2013). *Become Your Own Financial Advisor: The Real Secrets to Becoming Financially Independent.* Cape Town: Zebra Press.
- Kahneman, D. (2011). *Thinking, Fast and Slow.* New York: Farrar, Straus and Giroux.
- Kobliner, B. (2017). *Make Your Kid a Money Genius (Even if You're Not).* New York: Simon & Schuster.
- Pivnick, R. (2011). *What All Kids (and Adults Too) Should Know About Saving & Investing.* U.S.A.: CreateSpace Independent Publishing Platform.

감사의 말

먼저 안젤라 브릭스와 그의 반려견인 달마시안 '부글'에게 고마움을 전해요. 제가 이 책을 쓸 수 있도록 그들에게 많은 도움을 받았어요. 이 책에 소개된 뛰어난 아이디어들은 안젤라로부터 나왔어요. 안젤라가 열심히 일해 주지 않았더라면 이 책은 아마도 빛을 보지 못했을 거예요.

제러미 보레인에게도 고마워요. 책 집필의 마무리를 위해 채찍질을 해 준 분이에요. 캐런 판 하우윌린전, 진-마리 코프, 제니퍼 볼, 잉카니에지 차발라, 엘머리 스토다트 그리고 이 책이 세상에 나오도록 산파 역할을 해 주신 조너선 볼 출판사의 다른 모든 분께도 감사드려요. 에스터 레빈라드에게도 고맙다고 말하고 싶어요. 이 모든 일의 출발점 역할을 해 주신 분이랍니다.

앤절라 보그스에게도 고마움을 전해요. 이 책의 원
고를 산뜻하게 다듬고 과하게 사용된 느낌표(!)에 무
한한 인내심을 발휘해 주신 분이에요.

난나 벤터에게 한 다발 가득 감사를 보내요. 제 소
중한 친구이자 제가 제일 좋아하는 연필의 마법사,
이 책에 매력적인 삽화로 생명력을 불어넣고 제게 조
용히 글쓰는 데 집중하라고 응원해 준 친구입니다.

발렌 반 히르덴과 대담하고 용기 있는 8, 9, 10학년
친구들에게 특히 고마움을 전해요. 청소년 친구들이
돈에 관해 거침없이 던진 질문들이 제게 통찰력을 줬
어요.

찬 래버리, 메건 핀, 데일 할보센, 셴 티안 그리고
조지나 암스트롱 모두 사랑합니다. 여러분에게 말로
다할 수 없는 빚을 졌어요. 당신들이 매일 그리워요.

내 친구 자니 뮬러, 존 호지슨, 멜라니 스머츠에게
특히 경의를 표해요. 이분들은 남아공의 더욱 많은

아이들이 필요한 교육을 받을 수 있도록 평생을 헌신해 온 분들이랍니다. 저는 매일매일 여러분이 하는 일과 여러분의 인격에 경외감을 느껴요.

사이먼 딩글과 케니 잉스에게도 감사드려요. 터무니없는 제 계획에도 지원과 도움을 아끼지 않고 제가 원하는 삶을 살 수 있게 해 주신 분들이에요.

로렌 베케스에게도 고마워요. 스스로 가능하리라고 생각하지 못했던 삶을 제게 선사하고 언제나 옳은 일을 하도록 바로잡아 주었어요.

제 인생의 모든 어린이, 청소년 친구들에게도 감사 인사를 전해요. 특히 케이투, 조, 돔, 로난, 가브리엘 그리고 시안. 모두 나와 함께 즐겁게 놀아 준 이상하고 멋진 친구들이었고, 이 책을 쓰게 된 동기가 되어었요. 케이투에게 특히 고마워요. 첫 독자가 되어 어느 부분이 지루한지 손수 지적해 주었으니까. 가비와 조던에게도 고마워요. 성숙한 어른이면서도 기분 좋게 이상한 면모가 있는 두 분을 사랑해요.

매티 P, 당신은 내 공간의 반쪽이자 우리가 함께 가는 곳은 어디든지 따뜻한 집으로 만들어 주는 존재지. 당신과 이 바보 같은 은하계를 탐험하고 싶어 안달이 날 지경이야.

엄마, 제 인생의 매 순간 엄마를 사랑해요. 전 맨날 엄마 주위를 맴돌아요. 어쩔 수 없는 일인 거 알죠?

마지막으로 딕비. 넌 글도 못 읽으니 내가 지금 왜 너한테 감사를 표하고 있는지 모르겠지만 넌 나의 매일을 기쁨으로 채워 줘. 너한테 푹 빠져 있는 내가 참 바보 같지? 네 톡소플라스마증으로 나를 감염시켜 줘서 고마워. 언제나 사랑해.

저자 샘 베크베신저

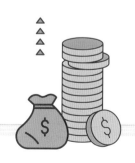

10대를 위한
머니 레슨

1판 1쇄 발행 2023년 4월 20일
1판 5쇄 발행 2024년 5월 14일

지은이 샘 베크베신저
옮긴이 오수원
발행인 박명곤 **CEO** 박지성 **CFO** 김영은
기획편집1팀 채대광, 김준원, 이승미, 이상지
기획편집2팀 박일귀, 이은빈, 강민형, 이지은, 박고은
디자인팀 구경표, 구혜민, 임지선
마케팅팀 임우열, 김은지, 전상미, 이호, 최고은

펴낸곳 (주)현대지성
출판등록 제406-2014-000124호
전화 070-7791-2136 **팩스** 0303-3444-2136
주소 서울시 강서구 마곡중앙6로 40, 장흥빌딩 10층
홈페이지 www.hdjisung.com **이메일** support@hdjisung.com
제작처 영신사

© 현대지성 2023

"Curious and Creative people make Inspiring Contents"
현대지성은 여러분의 의견 하나하나를 소중히 받고 있습니다.
원고 투고, 오탈자 제보, 제휴 제안은 support@hdjisung.com으로 보내 주세요.

현대지성 홈페이지

이 책을 만든 사람들
기획 박일귀 **편집** 이지은, 박일귀 **디자인** 정윤경 **일러스트** 금요일